卑弥呼Xファイル

黒澤一功

たま出版

プロローグ

中国では魏蜀呉の熾烈な争いが始まっていた。二三四年、五丈原の戦いがあった。蜀が退却し、諸葛孔明が死んだことを知った魏の大将軍、司馬懿《しばい》は兵を休ませることなく東方に振り向けて、呉の孫権と結《むす》んだ公孫淵《こうそんえん》の襄平城《じょうへいじょう》を取り囲んだ（二三七年）。

二三八年（景初二年）六月、卑弥呼を親魏倭王に任じ金印紫綬の叙拝の詔書と数々の賜物を与え、帯方太守に冊じた。卑弥呼に服属せず呉に通じていた伯済国を牽制しつつ、一二月、襄平城を落とし、逃亡した公孫淵を追撃してついにその首を取った。

あくる年一月、魏の明帝崩御、動乱の正始年間（二四〇年～二四八年）の幕が切って落とされる。呉の使者の首を切るなど、魏に恭順の姿勢をみせていた高句麗の東川王《トンチョンワン》は朝廷を無視して突如遼西に侵攻した。魏はこれを機に高句麗討伐に動き、魏将毌丘倹《かんきゅうけん》は高句麗の王城・丸都城を攻略した。

二四四年、東川王は沃沮《よくそ》の不耐王を頼って逃亡。毌丘倹はすぐさま玄菟《げんと》郡太守王頎《おうき》に追撃を命じた。東川王に服属、挙兵した南沃沮を、帯方太守弓遵《きょうじゅん》・楽浪太守劉茂《りゅうも》らは鎮圧に向けて出陣した。

年は変わって正始六年（二四五年）、黄幢《こうどう》が海を渡って帯方郡治に届いた。同年、崎離営の乱を鎮圧するさい、帯方太守弓遵は戦死してしまう。伯済の古爾王《こいおう》は隙をついて楽浪郡に侵入、隠《ひそ》かに南平壌城を築城した。東川王は残兵と新たな濊《わい》の兵を引き連れて南平壌城に入城した。楽浪郡の危機存亡の事態を救うため、王頎は命じられて玄菟郡太守から帯方郡太守に着任した。

正始八年（二四七年）、王頎を迎えた卑弥呼は、もとより敵だった東川王を攻撃することに同意した。魏の少帝は、すぐさま辺境軍大使長政《ちょうせい》を派遣した。張政は、黄幢を難升米《なんしょうまい》こと扶余《ふよ》王麻余《まよ》に下拝すると、檄を発して、ついに高句麗討伐に出陣した。

戦場では、黄幢がはためく矢倉の上に卑弥呼の姿があった。齢《よわい》七十三歳の高齢だった。一陣の風が吹き抜けると卑弥呼は去った。毌丘倹に再度の猛攻を受け、八月には丸都城は落城。翌二四八年九月に東川王は命脈つきて暗殺された。

戦乱の渦巻くなかで卑弥呼は翻弄され、その晩年を過ごしたのである。

魏志倭人伝には、倭国という固有名詞は全文の中にたった三カ所しかない。どれも、帯方について記述のあるブロックの中にある。

ほかに、倭、倭人、倭地、倭種、倭王、倭女王、女王国という表記があり、それらを類別すると、九州の国邑《くにむら》である末盧国、伊都国、奴国、邪馬壹国、投馬国などはすべて女王に冊封された国々であると判明する。それが「女王の都するところ」という女王国の真の意味である。

卑弥呼が帯方にいたのか九州にいたのか、客観的に考えてどちらが真実なのか。また、倭国が現在の平壌にあるのと九州にあるのとでは、果たしてどちらが合理的なのか。本書では、そのことについて詳しく述べている。

また、卑弥呼に関わる男王たち、すなわち、その南にある狗奴国の男王卑弥弓呼《ひみここ》、さらには卑弥呼の死後に立った男王等の実像を解明した。そのことが、次世代の邪馬台国論を新たに切り開くものと期待している。

目次

第一章　『魏志倭人伝』を読み解く

リーディングガイド

①帯方〜九州編　三〇％
②会稽編　一一％
③九州編　一五％
④帯方編Ⅰ　四％
⑤九州番外編　三％
⑥帯方編Ⅱ　三二％

本書の現代語通読は現代語訳の体裁をとっているが、原文にはない文章を挿入したり、見出しをつけたり、括弧書きで注をつけるなど編集をしている。倭人伝は倭地を地域別に俯瞰していると総合的に判断し、全文をエリア別に六つに分け、ブロックのはじめの分節の冒頭に見出しをつけた。例えば、「帯方〜九州編」は、帯方と九州をまたぐ地域、すなわち帯方以南から九州以北の帯状の面である。こうした区分は現代人の理解を助けるために編集したもので、原文にはないので留意してほしい。

本文中、日本、中国、朝鮮の文献資料のうち、古事記や日本書紀の天皇名や年号などの西暦表記はあくまで出来事のあった年を優先して、それぞれ記事として扱っている。多方向から、できるだけ正確な年代を記すようにしたが、資料から確認ができない場合はクエスチョンマークを入れている。

『三国志魏書』倭人伝　現代語超訳（通読）

帯方～九州編

28頁 倭人は帯方から東南の方向にあり、大海（黄海）にある列島に居住している。それらの国は、とても山が多い地形である。以前から百余りの国々があり、その中の奴国という国が漢の時代に洛陽にまで使者を派遣したことがあった。今、魏になって奴国で通交している国邑は三十カ国になっている。

38頁 郡から倭にいたるまで、帯方郡治の港から出港し馬韓の西岸沖を南へ東へと沿岸航行しながら南に七千里余り航行すると、（対馬の）北岸の弁韓（加羅連合国）の沖を通り過ぎて、東に方向転換し、千里余り進むと對馬國（対馬）に着く。そこの（卑弥呼が任命した）大官はヒコ、副官はヒナモリという。四百里四方ほどの大きさで、山々が非常に険しく、深い林が多く、道はけもの道のように細い。千戸余りあって、良い田はなく海産物を食料として自活しており、船に乗って北岸の朝鮮半島や南岸の九州の市場に出かけていって穀物を買い求めている。

64頁 再び南に航行して、瀚海《がんかい》という海を千里余り渡ることで壱岐島（一大国）に着く。官はまた、（対馬と同じで）ヒコ、副官はヒナモリという。島は三百里四方の大きさで、竹林や雑木が多く、三千ぐらいの家があり、農地はあるが不足しており、耕作しても食料は足らないので、船に乗って南北の市場へ行って穀物を買い入れている。

76頁 また、再び千余里ほど航行すると末盧国（糸島）に到着し、船を下りて調べると、この国は四千戸余りで、人々は海峡の両岸で暮らしている。草木がうっそうと茂っていて、道を進んでいても前を歩く人の姿が見えないほどである。海の浅い、深いに関係なく、人々は皆、水中にもぐって上手に魚やアワビを採っている。

83頁 糸島から徒歩で進むこと五百里で吉野ヶ里《よしのがり》（伊都国）に到着する。官はニキ、副官はヤマカと、ヒャンガガという。千戸余りで、吉野ヶ里には代々世襲の大王がいて、ほかの諸国の王は皆、この大王に服属している。帯方郡からの郡の使者は吉野ヶ里を政庁として往来して政務にあたり、常駐はしていない。

90頁 再び、東南に百里進むと、朝倉市甘木《あまぎ》（奴国）に着く。官はジマカ、副官はホミである。人々は二万戸余りである。

104頁 再び東に百里、歩行すると日田市（不彌国《ふみこく》）に着く。官はタマ、副官はヒナモリという。一千ほどの家がある。

107頁　帯方から南に航行して二十日ほどで、九州東岸にある宮崎（投馬《とうま》国）に着く。官はミミ、副官はミミナリ。およそ五万戸余りであろう。

117頁　帯方から南に航行して十日で上陸して、歩行一カ月で宇佐（邪馬壹国）に着く。宇佐は女王卑弥呼が都督を置いている一つの国である。官はヨキマ、ミマション、ミマワキ、ナケテである。およそ七万戸余りであろう。

122頁　卑弥呼が冊封する女王国（奴国）の以北、筑紫の国々はすでにその戸数と道のりを簡単に記載したが、その他の九州東北岸側の国々は、遠く険しく、山を越えるため、詳細を得ることができなかった。

123頁　その他の国々は斯馬《しま》国、已百支《いはき》国、伊邪《いや》国、都支《とき》国、彌奴《みな》国、好古都《ここつ》国、不呼《ふこ》国、姐奴《そな》国、對蘇《ついそ》国、蘇奴《そな》国、呼邑《こゆ》国、華奴蘇奴《かなそな》国、鬼《き》国、為吾《いご》国、鬼奴《きな》国、邪《いや》馬《ま》国、躬臣《くし》国、巴利《はり》国、支惟《きい》国、烏奴《うな》国を最後に、女王が領有する奴国の領域は尽きる。

132頁　帯方郡から南には伯済国（狗奴国）があり、男王は臣智（候王）に叙されていて名をヒクといい、女王卑弥呼に服属していない。

136頁　帯方郡から女王国まで一万二千里余りである。

会稽編

137頁 男性は身分が高かろうが低かろうが、皆、顔や身体に入れ墨を施している。古《いにしえ》より、中国を詣でる（南倭の）遣使は皆、大夫《たいふ》を自称している。夏后（夏王朝）の第六代皇帝だった少康の庶子（無余）が会稽《かいけい》の王に冊じられた際、龍蛇に噛《か》まれる被害を避けるために、（倭人の風習に従って）短髪にして身体に入れ墨をしたという。今の倭の海人《あま》たちは潜って上手に魚や蛤《はまぐり》を採取する。かつて入れ墨は大魚や水鳥の害を避けるためのものだったが、今は次第に装飾となってしまった。倭人の諸国の入れ墨の施し方は国によって各々異なっており、また、身分の尊卑で左右、大小の差がある。

137頁 少康の庶子、無余が王になった会稽は東治県《とうやけん》にまたがる東側（海岸沿い一帯）にあり、そこの人々は皆倭人である。

142頁 会稽の人々の風俗は淫乱ではなく、男性は皆、頭に何も被らないで、髷《まげ》を結ったまま露出させ、木綿《きわた》の布で頭を巻いている（鉢巻き）。衣服は横幅の広い布を縫い合わせないで、互いに幾重にも交差させて縛り付けている（菱縄《ひしなわ》縛りや亀甲《きっこう》縛りなどの起源か？）。

婦人は髪を結わずに曲げて束ね、衣服は単被《ひとえ》のように作り、その中央に穴を開け、これを頭に通して着ている（貫頭衣）。

143頁　会稽の人々は稲や紵麻《からむし》（麻の一種）を栽培し、養蚕して絹織物を紡いでいる。細い紵《ちょま》（麻の布）や薄い絹織物を作っている。その地には、牛・馬・虎・豹・羊・鵲《カササギ》がいない。矛、楯、木弓を用いている。木弓は下が短く上が長い。竹の矢には鉄の鏃《やじり》、あるいは骨の鏃《やじり》を付けている。会稽の物産や習俗など、あることないこと全部が海南島の儋耳《たんじ》と朱崖《しゅがい》の倭人と同じである。

145頁　会稽の地は温暖で、冬や夏も四季を通して生野菜を食べ、皆が裸足《はだし》である。家には室があり、父母・兄弟は寝転がって寝るが、子供は別の部屋に寝かせる。朱丹のおしろいを身体にも塗り、中国で白粉を用いて化粧をするように身体にも塗っている。飲食では竹や木で作った杯器に盛って、手で食べる。人が死ねば棺《かんおけ》を用いるが、槨《かく》（台になる外棺）はなく、土を盛って塚を造る。死去から十日余りは喪に服し、その間は肉を食べず、喪主は大声で泣き、他の人々は歌い舞ったり酒を飲んだりする。埋葬が終われば、家人は皆が水中に入って禊《みそぎ》をする。中国で言っている練沐《れんもく》（練り絹を着てのみそぎ）のようである。

145頁 会稽の人々が海を渡って中国に朝見するときは、海難を避けるために一人の人間を供儀者として乗船させる。この人間を持衰《じさい》という。航行の最中は、髪を梳《と》かさず、シラミもとることをさせず、衣服は垢で汚れたままとし、女性を近づけない。もし、航海が吉祥で無事に済めば、共に乗船している長が奴隷の身分を解くだけの財産を与えて報いる。もし、航行中に病人が出るなり、海が荒れるような災難に遭ったときは、その持衰を犠牲にする。それはその持衰の清めが足らず、その不謹慎が災いを招いたというのだ。

九州編

146頁 女王国（九州の国々）は真珠や青玉《ヒスイ》を産出する。そこの山には丹砂《たんしゃ》があり、樹木には楠木《クスノキ》、杤《トチ》、樟《クス》、櫪《クヌギ》、橿《カシ》、桑《クワ》、楓《カエデ》があり、竹には篠《シノダケ》、桃支《メダケ》がある。生姜《ショウガ》、橘《タチバナ》、山椒《サンショウ》、茗荷《ミョウガ》などがあるが、食料として滋味なのだろうか？　大猿や黒い雉《きじ》がいる。

152頁 そこ（九州）の風習では、事を起こして行動に移るときには、亀の骨を焼いて吉凶を占うが、はじめに占うことを告げる。その礼句は中国の亀卜《きぼく》法に似ている。骨に生じた裂け目の方角を観て兆《きざし》を占う。

153頁　卜占《ぼくせん》を行う祭祈堂では、座席の順序や男女や親子など立ち居を区別することなく、一同に会している。人々の性質は酒好きである。人々は大人（高貴な者）への敬意を表すさい、手を合わせてひざまずき、礼をする。

そこの人々は長生きする者が多く、百年、あるいは八、九十年を生きる。風俗では、国の有力者は皆、四、五人の妻を持ち、庶民でも中には二、三人の妻を持つ者がいる。その妻たちは貞節で互いに嫉妬をしない。

154頁　窃盗をしないので、訴訟は少ない。法を犯せば、軽い罪は妻子の没収、重罪はその家族あるいは一族を処罰する。身分の尊卑は階級の序列があり、互いに臣服の秩序が整っている。租賦を納める役所は高床式倉庫で、また国々にそれぞれ市場があり、人々は出かけていって双方物資を交易し合っているが、諸国の王は各々管轄官を任命して交易の有無やその多寡を監理している。

154頁　女王国（奴国）から北の官を列した国々には、特別に大率《だいそう》を置き、諸国を検察しており、他の諸国はこの大率を畏《おそ》れ憚《はばか》っている。大率は常に伊都国で治め、国の中での立場は中国における皇帝の刺史《ちょくし》のようである。

156頁　伊都国の大王が使者を京（洛陽）、都督《ととく》、帯方郡や諸韓国に派遣するとき、また、伊都国に滞在する郡使が倭国（卑弥呼）に使いを出すときは、皆、伊都国の渡し場まで出向いて、伝送の文書や貢献物を点検照合して、帯方の女王に詣でるので、間違いがなく、問題は起こらない。

162頁　庶民が国の有力者に道で出会った際は、後ずさりして草むらに入り、道をあける。有力者に対面して話したり、何か事情を説明するときは、敬意を表すため、蹲《うずくま》るか、跪《ひざまず》いて、両手を常に地面に着けておくしきたりである。返事をする声は噫（yī）と言い、これで承諾を示すようである。

帯方編

163頁　帯方に位置する倭国は、以前は男性を王としていた時代が七、八十年続いたが、倭国は擾乱《じょうらん》、互いの攻伐が何年も続いたので、一人の女子を（皇帝が）王と為した。その名を卑弥呼といい、鬼道（卜占の法）を執り行い、その宣託は、よく人々を魅了した。既に高齢となって夫は亡くなり、年下の男性がいて国の統治を補佐していた。

王位に就いて以来、謁見《えっけん》した者は少なく、官女（宮廷で務める婢）が千人も側に侍《はべ》り、ただ一人の男性（宦官《かんがん》）が食事を給仕し、伝辞のため出入する。居住する宮殿や楼観に城柵が厳重に設けられ、常に護衛兵が配置されている。

九州番外編

167頁　九州の女王国の東に海を渡ること千里余りの所に、また四国がある。いずれも倭人と同じ種類の人々である。その南に侏儒国《しゅじゅ》（鹿児島）があり、住民の身長は三、四尺しかない。女王国から四千余里離れている。

170頁　また、裸国（パプア）と黒歯国（ニューギニア）が侏儒国（鹿児島）の東南にあり、船で行くと一年ほどかかるという。倭の地と比較して住民に尋ねてみると、絶海の群島に点在していて、隔絶あるいは連結し、周囲を旋回すること五千里ほどだという。

帯方編

174頁　景初二年（二三八年）六月、倭の女王卑弥呼が大夫の難升米らを派遣して帯方郡治に詣で、洛陽の天子（魏の皇帝）に朝献を求めた。魏の太守の劉夏《りゅうか》は役人に命じて難升米ら一行を京都（洛陽）まで案内した。

180頁 その年（二三八年）の十二月、魏の皇帝は詔書で次のように女王に返答した。

「倭女王である卑弥呼を親魏倭王と為す制詔を下す。太守の劉夏が、汝の大夫の難《なん》升米《しょうまい》、次使の都市牛利らを洛陽まで引率し、汝が献ずる男の奴隷四人、女の奴隷六人、班布二匹二丈を届けさせた。汝の所在はとても遠いが、遣使を送って貢献してきたのは汝の忠孝を示すものであり、朕は甚だ汝の気持ちを喜ばしく思う。

181頁 今、汝を親魏倭王となし、金印紫綬と衣冠や幘《さく》など目録に記した詔書を授けるが、後日、帯方郡太守に送付して下賜する。汝、それ住民をいたわり安んじさせよ。また、勤めて孝順を尽くすよう教化せよ。汝の使者の難升米、牛利は遠路はるばると来た労に報いて、今、難升米を率善中郎将、牛利を率善校尉と為し、銀印青綬を仮授し、朕が謁見を許して慰労を賜い、引率して送り還らせる。

183頁 今、絳地《こうち》の交龍錦（龍が交わる絵柄の錦織）を五匹、絳地の縐《ちりめん》、粟罽《しゅうぞく》（縮みの毛織物）十張、蒨絳《せんこう》（茜色と深紅）五十匹、紺と青五十匹、これらを汝の献上品への返礼とする〔絳地交龍錦五匹の文字のうち、裴松之が考えるに「地」は「綈《てい》」でなくてはならない。漢の文帝が「皁衣《そうい》」と言うのは「弋綈《よくてい》」のことである。この字が間違っているのは魏朝の失敗ではなく、以前の伝写の誤りである」。

187頁　また、特別に汝（卑弥呼）には紺地の句文（文様染め）錦三匹、細班華（細かい花模様がら）毛織物五張、白絹（無地の絹）五十匹、金八両、五尺の刀剣を二口、銅鏡を百枚、真珠、鉛丹各々（紅とおしろい）五十斤を賜う。いずれも目録を難升米、牛利に付託するので、帰還したら受けとるがよい。（それらの）すべてを汝は国中の人々に顕示し、魏国が汝に熱い親愛の情をもっていることを知らしめよ。それ故に鄭重《ていちょう》に汝によき品々を下賜したのである。

192頁　正始元年（二四〇年）、帯方郡太守の弓遵《きゅうじゅん》は建中校尉の梯儁《ていしゅん》らを派遣し、詔書と印綬を奉じて倭国（帯方）を訪れ、倭王卑弥呼に面会して下賜した。詔書と併せて、金、帛《しろぎぬ》、錦、毛織物、刀、鏡、采物（飾り物）を受け取らせた。倭王卑弥呼は使者に謝恩の答礼を上表文にて少帝（斎王）に奉った。

194頁　正始四年（二四三年）、倭王は再び大夫の伊聲耆《いせいき》、掖邪狗《えきやく》ら八人を遣使として奴隷、倭錦、絳青縑（深紅と青の色調の薄絹）、綿衣、帛布、丹、木弣（弓柄）、短い弓矢を献上した。掖邪狗らは率善中郎将の印綬を拝授した。

194頁　正始六年（二四五年）、難升米に、黄幢を帯方郡治に付託するという詔を発した。

195頁 正始八年（二四七年）、魏の王頎《おうき》が（帯方郡治の太守に）着任した。倭の女王卑弥呼と卑弥弓呼《ひみここ》（高句麗の東川《トンチョンワン》王、諱は優位居）とは、もとより不和であった。

卑弥呼は載斯、烏越らを（帯方郡治の）太守王頎《おうき》に詣でさせて、（魏軍と）相呼応して高句麗を挟撃する戦術を説明した。（その報告を聞いた少帝は）臨楡関《リンユカン》〈遼寧省碣石山《かっせきさん》・長城が始まる起点。明・清代の山海関〉の塞曹掾史《さいそうえんし》（辺境軍政官）である張政《ちょうせい》らを派遣し、黄幢《こうどう》を難升米に拝仮させ、檄文（軍事行動を起こす発令）を添えて詔書を告諭した。

209頁 卑弥呼はすでに死に、大きな墓を作る。直径は百余歩、殉葬する奴婢は百余人。

211頁 更新して立った男の王（麻余）は、国中が服さず、さらに（謀反《むほん》が起きて）千人余りが互いに誅殺しあった。

214頁 もう一度、卑弥呼の宗女壹輿《いよ》を、十三歳で王に共立することになった。国中が遂に治まった。

217頁 「張政」らは檄を以て壹輿を王となす告諭をした。壹輿は倭の大夫の率善中郎将「掖邪狗」ら二十人を遣わして、張政らを臨楡関まで護衛した。

よって、同行した率善中郎将「掖邪狗」ら二十人は臨楡関の高桜（台）に詣でて、男女の奴隷三十人、真珠五千、ヒスイの勾玉二枚、異文雑錦二十匹を献上した。

『三国志魏書』倭人伝　詳説

帯方〜九州編

倭人在帯方東南大海之中、依山島為國邑。舊百餘國、漢時有朝見者、今使譯所通三十國。

倭人は帯方から東南の方向にあり、大海（黄海）にある列島に居住している。それらの国は、とても山が多い地形である。以前から百余りの国々があり、その中の奴国という国が漢の時代に洛陽にまで使者を派遣したことがあった。今、魏になって奴国で通交している国邑は三十カ国になっている。

後漢の光武帝の頃とは、五七年。日本本土に百余国に部族長（小国王）がいたと解釈する。そのなかで奴国だけが金印を拝している。後漢に認められた侯王がいた時代があった。

その奴国の領域に、三十カ国存在する。一方、邪馬壹国の領域にも二十余カ国、また、投馬国には国の数は記載がないが、戸数からすると二十カ国余りはあったと考えられる。四国、山陽、山陰、近畿にも国があり、それらを合計すると百余国になる。

倭人とは漢字特有の概念で、種族を意味していない

漢字は誕生したときから諸々の印象や感情を含む呪われた文字である。故に表意文字よりも奥深いところがあり、はるかに思考力を必要とする。故に、「歴史は覚えるものではなく考えるものである」。

「朱丹をもってその身体に塗ること、中国にて粉を持ちうるが如きなり」と魏志倭人伝に書かれているように、「顔に朱の入れ墨のようなものを入れている人々」というのがもともとの倭人の原義である。倭人という言葉は「如墨委面」から来ている。

そうした風俗をもった蛮夷をひとくくりにした中国の古語が倭人であり、民族的に中華人であっても、入れ墨をしていれば倭人になる。そうした意味で、今日のような人種とも種族、民族とも異なる定義である。また、国や言語とも無関係な言葉である。陳寿の思っ

ているところの倭人は、早い話、日本列島だけにいたわけではない。それを知らないと、陳寿の倭人伝になぜ、海南島やミクロネシアの記述が出てくるのか理解できなくなる。

倭とは「如墨委面」、入れ墨をした輩《やから》

次に『漢書地理志』「倭人の項」顔師古の注には「如墨委面」という文字がはっきり記事になっている。

> 『漢書　巻二十八下　地理志第八下　燕地条』の「然東夷天性柔順　異於三方之外　故孔子悼道不行　設浮於海　欲居九夷　有以也夫　樂浪海中有倭人　分爲百餘國　以歳時來獻見云」

右文の注を書いた如淳は三世紀中頃の人物（魏人）で、顔師古の注は「樂浪海中有倭人。分爲百餘國。以歳時來獻見云」を対象にした注釈である。この漢書の倭人は、もとは如墨委面と書かれていたことを踏まえておこう。

＊公孫康が帯方郡を創設、二〇四年から高句麗によって滅亡する三一三年の百九年間、帯方郡が存在したが、それ以前は楽浪郡だった。二〇四年以前なら帯方郡という名称は存在せず、楽浪海中と書かれるはずで、ここに矛盾はない。

(師古日)「如淳曰、如墨委面　在帯方東南万里」
臣讃曰「倭是国名　不謂用墨　故謂之委也」
師古曰「如淳云『如墨委面』　蓋音委字耳　此音非也　倭音一戈反　今猶有倭国
魏略云『倭在帯方東南大海中　依山島為国　度海千里　復有国皆倭種』」

師古が言う。「魏の如淳が、『如墨委面が東南万里にある』と書いたようだが、どう注釈すればいいのか？」

讃が答える。「倭がその国でしょう。墨の文字はいま言わないので、委が倭を意味しているのでしょう」

師古が言う。「如墨委面の委は耳という字と同じ発音で、『倭』の発音とは反するが、昔からいまだにもってずっと倭と言っているではないか。魏略には『倭は帯方郡の東南の大海の中にあって、山の多い島々から国がなっている。海を渡ること千里、また国があるが、皆倭種である』と記録している。だから、如墨委面は委国ではなく、倭国とするべきだろう」

＊顔師古《がんしこ》（五八一年―六四五年）は、中国・初唐の学者で、本貫は、琅邪郡臨沂県（山東省臨沂市）。『漢書』百巻の注釈をつけた学者である。師古は三百年前に書かれていた「如墨委面　在帯方東南万里」の意味がよく理解できなかったので思案している。

とくに、委と耳の発音が同じで倭と違うというのは、あれこれと試行錯誤しているのである。結論的には如墨委面が倭の旧称であると判断して、師古が、原本にあった「如墨委面」という文字を「倭人」に変えたのである。こうしたことは転書の度に行われていたのである。

如墨委面が委国になり、さらに倭国に変わっていることが分かる貴重な記録であり、意味のない注釈ではないのである。

『後漢書』「巻八十五」の「東夷伝」の「第七十五」

安帝永初元年　倭國王帥升等獻生口百六十人　願請見

『翰苑』「蕃夷部」「倭国」の条（唐代の張楚金作）

安帝永初元年　倭面土國王師升等獻生口

北宋版『通典』（『後漢書』を参考にして書いたと考えられる模写版）

安帝永初元年　倭面土國王師升等獻生口

『唐類函』の「百十六巻」の「邉塞部一」の「倭」の条（明代成立）

安帝永初元年　倭國土地王師升等獻生口

范曄《はんよう》著の『後漢書』の成立は、四三二年である。この貢献は、後漢の安帝永初元年（一〇七年）というのは誤りで、東普の第十代皇帝の安帝の隆安年間（四一三年）である。この晋の安帝は在位三九六年～四〇三年で、後漢書が古の安帝と早とちりしたのである。

四一三年　倭国、東晋・安帝に貢物を献ずる（『晋書』安帝紀、『太平御覧』）。

四二一年　宋 永初二年　讃、宋に朝献し、武帝から除綬の詔をうける。安東将軍倭国王（『宋書』夷蛮伝）。

この貢献と除綬は倭国王讃である。そこで、「倭國王帥升」とは倭王讃であることもはっきりする。中国史書は過去の典経をそのまま尊重するのが決まりのようで、初期の典経の誤りはそのまま後世の史書に引き継がれるのである。今日ではコピーと言うのだが、バグも丸事では盗用と言うのだが……。

さらに、隋書を参照してみよう。

「漢光武時遣使入朝自稱大夫　安帝時又遣使　朝貢謂之倭奴國」……光武帝が金印を贈ったのは「委奴国」五七年で、晋の安帝のとき朝貢したのは「倭奴國」四一三年だったが、これを同じ国だと思いこんだ結果だと思われる。さらに、「又遣使あり」と二度目の朝貢であるような書き方である。この二つの朝貢の間は三百六十年ぐらいになり、その間、中国史書には倭の朝貢の記録が全くなかったのである。

旧唐書「倭国日本伝」で日本という表記が初めて中国正史に登場した（八世紀）。その一カ所に、「日本国は倭国の別種なり。其の国、日辺にあるを以って、故に日本を以って名となす」とある。別種とは違うということだ。「日本国は倭国とは違う」、この意味するところは、日本という国号を与えたとき、日本は以前の倭国とは違うということを認識したということである。

前漢のときの委奴国が日本列島にあったという、あの委奴国が倭国だったという事実に、やっと気づいたのが、武則天《ぶそくてん》が日本という国号を与えた時だった（七〇二年）。

大宝二年（七〇二年）五月に遣唐大使、粟田真人《あわたのまひと》（執節使）が周の武則天から天皇の称号と、日本という国号を得た。これにより独立国、中国の化礼慕外の国になった。八世紀に至るまで、なんと倭国が日本列島にあるとは一顧だにされず、中国の史書家の話題にもならなかったのだ。

それ以前、遣隋使や遣唐使による朝貢は十回以上あったが、僧を遣わして朝貢していたうえ、上奏文がいつも全く同じであったので、記録に載せなかったのだそうだ。唐書や五代史は日本の遣唐使を正式な朝貢として取り上げなかったのだ。唐の第十八代皇帝武宗《ぶそう》は、仏教を弾圧し、堂塔を廃却し、聖教を焼き払い、僧尼を環俗させるなどしており、僧侶は下戸以下だったのだ（慈覚大師伝）。僧侶を介しての朝貢を記録しないという理由もその辺にあるのかもしれないのである。結果的に日本は注目を引かないで先進文化だけを吸収するという実利外交を行ったとも言えるのだが……。ただ、中国の情勢を知らなかったということでは外交音痴だったのだろう。

粟田真人が大使として朝見した時より、旧唐書「倭国日本伝」で、日本という表記が初めて中国正史に登場したわけである。「日本国は倭国の別種なり。其の国、日辺にあるを以って、故に日本を以って名となす」と書かれたのである。

いままでの倭国と場所が違う国だということを中国が初めて分かったとくみ取れるのである。

その後の倭国の書き方は、次のように一変した。

『旧唐書』倭国伝　倭国は古の倭奴国である……其の王、姓は阿毎（āměi）氏なり。
『新唐書』日本伝　日本は古の倭奴国である。
『宋史』日本伝　日本国は、もとの倭奴国である。
『元史』日本伝　日本国は東海の東に位置し、昔は倭奴国と称した。
『明史』日本伝　日本は古の倭奴国である。

この時点でまだ「倭奴国」と書くところをみると、典籍を引くことには熱心だったようである。日本は（倭国と違って）古《いにしえ》の倭奴国とか昔の倭奴国だと書くのは、それでも格段の進歩があったとみるべきだろう。

左記の類書では、「倭面土地王」、「倭面土国王」「倭面国」などと表記されている。

漢書地理史　　如墨委面
金印　　委奴国
後漢書　　倭国
翰苑　　委面土国
唐類函　　倭国土地
旧唐書　　倭奴国
新唐書　　倭奴国

金印・委が倭に転じている。奴と土が互換されている。奴は「ド」という読みの音写文字であるとすると、都の共通文字が浮かび上がる。委土と連ねると伊都になる。金印に刻印された「委奴国」は「伊都国《イドコク》」だったようである。よって金印文字を『漢・委奴国・王』と区切って読むのが一番良いだろう。

「如墨委面」が「委面」となり、ニッポンの語源になった

「如墨委面」［niw-mwwk-yii-pben］という古称は、紀元前一〇〇〇年頃からあったろう。発音については、中国南方言語の一つの古語で「委面」がイーパン［yiipben］と発音されていた。これをマルコポーロが南方旅行で聞いて、ジパン［ｚｉｐａｎ］へと派生し、欧語圏に伝搬してジャパン〔Ｊａｐａｎ〕になった。中国には六十言語ぐらいあり、地域により発音が異なっていたのである。この多数ある言語のうちの一つから、ニッポンという発音が派生したのである。［yi:］は［ji:］と［ni:］と唇や舌の口蓋位置が同じである。「ゐゑ＝yii」もそうだが、［yi］の半母音や複合母音の発音が日本語にないので訛ったのである。訛るとか発音できないというのは、言語学的に「母語の干渉」という。例を挙げれば切りがないが、相違する言語がある地域（交易の市場など）で交雑して派生する新しい言語をクレオールピジン語というが、「訛って」作られる。相互に訛ることが当たり前なのである。

従郡至倭、循海岸水行、歴韓國、乍南乍東、到其北岸狗邪韓國、七千餘里。始度一海、千餘里至對馬國。其大官曰卑狗、副曰卑奴母離。所居絶島、方可四百餘里、土地山險、

多深林、道路如禽鹿徑。有千餘戸、無良田、食海物自活、乖船南北市糴。

郡から倭にいたるまで、帯方郡治の港から出港し馬韓の西岸沖を南へ東へと沿岸航行しながら南に七千里余り航行すると、（対馬の）北岸の弁韓（加羅連合国）の沖を通り過ぎて、東に方向転換し、千里余り進むと對馬国（対馬）に着く。そこの（卑弥呼が任命した）大官はヒコ、副官はヒナモリという。四百里四方ほどの大きさで、山々が非常に険しく、深い林が多く、道はけもの道のように細い。千戸余りあって、良い田はなく海産物を食料として自活しており、船に乗って北岸の朝鮮半島や南岸の九州の市場に出かけていって穀物を買い求めている。

文頭の「従郡至倭」はいわゆる独立した宣言文である。平たく言えば「これから郡から倭までのことを書きます」ということだ。

この文節は構文上、ローカル定義となり、結末句の「自郡至女王国万二千里」までの文節の最後までのすべてに係る。

狗邪韓国は加羅韓国のことである。狗は加・邪は羅の置き換え文字（転字）である。

辰韓伝で言う「はじめは六国あり、徐々に分かれて十二国になった」

その伽耶六国は、加羅国建国（四二年）の際、金首露《きむすろ》王が九千《クガン》（九部族長制）を改め制定した。

①金官伽耶国＝駕洛国＝金《ク》海《メ》

②阿戸羅伽耶＝安羅伽耶・安良国（日本府があった地域）＝威安

③大伽耶＝意富伽耶＝高霊

④小伽耶＝南加羅＝固城郡固城

⑤星山伽耶＝星州

⑥古寧伽耶洛国＝威昌

「其の北岸」は加羅韓国なのである。倭の北岸と訳しても、加羅韓国が日本の領域だったということではない。

一世紀には弁韓の諸国は十二国の連合国であり、九州の国家とは別と考えるのが自然である。「其の北岸」の「其の」係りは、対馬であり、其の北岸とは対馬の北に位置する対岸と解釈する。そこでの北岸と南岸は対馬を起点にしており、船に乗って北岸の朝鮮半島や南岸の九州の市場へ出かけていって穀物を買い求めているというのである。

帯方郡は大同江下流域で、楽浪人は倭人だった

漢の時代、帯方は楽浪郡直轄下にあったので帯方郡という郡名はなかった。

「建安中、公孫康分屯有縣以南荒地為帯方郡、遣公孫模、張敞等收集遺民、興兵伐韓濊、舊民稍出、是後倭韓遂屬帯方」（『魏志』韓伝）

建安年間（一九六年～二二〇年）、公孫康は屯有《トンユウ》県以南の荒野を分けて帯方郡とし、公孫摸や張敞などを派遣して遺民を収集するため、兵を挙げて韓と濊《わい》を討伐したが、旧民は少ししか見出せなかった。この後、倭と韓を帯方郡に属させた。

これによると、まず公孫康が韓と九州を同時に帯方郡に付属させたことがわかる。卑弥呼は出来立ての帯方郡の共立王になったと推測できる。

紀元前二〇二年、漢の劉邦配下の燕王盧綰《ろわん》の武将だった衛満は胡服を着て逃れ、東に浿水《ペス》（清川江）を渡り、箕子朝鮮《きしちょうせん》王の準王に取り入り、朝鮮西部に数万人が亡命者コロ

ニーをつくった。一年たらずの後、亡命者衛満は王険城《おうけんじょう》を奪い、箕準王は残兵を率いて南方の馬韓の地を攻略し、そこで韓王となった（漢書地理志の記録）。

楽浪国には、燕や斎でもない楽浪人がいた。晋書地理誌では「樂浪郡漢置。朝鮮県：周封箕子地。」とある。楽浪国の王は箕準で、周王朝に封じられた中国人で、独自の風俗を持った国と民衆がいた。楽浪国の神器は「天羽羽矢」、朱の龍頭の鏑矢であった。そのほか、御璽瑞宝十種があり、扶余の三種の神器よりずっと華麗であった。衛満に滅ぼされ、馬韓の地に移動した箕氏の民は阿人と呼ばれ、馬韓には馬韓人のほかに楽浪国の残余の民がいた。ゆえに、阿残とも呼ばれた。馬韓伝によれば、「其男子時時有文身」。時々、文身した民がいると書かれている。これが旧民で阿人とも倭人とも言われ、すでに舟で日本に逃亡していたので、わずかしか人が残っていなかったのである。

『三国志魏書』辰韓伝では、「其言語不與馬韓同、名國為邦、弓為弧、賊為寇、行酒為行觴。相呼皆為徒、有似秦人、非但燕、齊之名物也。名樂浪人為阿殘：東方人名我為阿、謂樂浪人本其殘餘人。今有名之為秦韓者。始有六國、稍分為十二國。」とある。

辰韓の言葉は馬韓と同じではない。国々は連邦をなし、弓を弧、賊を冠、酒を觴《しょう》、呼び合う言葉は皆、徒である。伽耶は秦人であるが、燕や斉ではなく、楽浪にいた阿残と呼ぶ。東方人は自分を『阿』という民族で、楽浪人の残余の民であるという。辰韓とも秦韓とも言うのは、このためである。

馬韓とは言葉が異なっており、馬韓が東と南に土地を譲渡した。その民は楽浪人の残余の民であったので、阿残と呼ばれる。阿残が阿人で、加羅人（弁韓・十二カ国）と斯人（弁辰・十二カ国）に別岐したのである。そのことは次の後漢書韓伝で確かめられる。

阿人の特徴を中国人は次のように観察している。

①阿人も馬韓人も入れ墨をしていた。
②阿人の男子は髪が長く、馬韓人は坊主頭が多かった。
③阿人には城郭があり、馬韓人にはなかった。
④阿人は馬韓人より礼節があった。
⑤阿人と馬韓人は言葉が違っていた。
⑥阿人と違って馬韓人は頭が皆偏平だった。
①の特徴は、馬韓人と倭人に共通する。②③④は馬韓人と異なり、中国人的特徴である。

『後漢書韓伝』建武二十年（四四年）

「光武帝二十年　韓人廉斯人、蘇馬提　等　詣樂浪　貢獻　光武封　蘇馬提　爲漢（韓）廉斯邑君　使屬樂浪郡　四時朝謁　靈帝末　韓・濊並盛　郡縣不能制　百姓苦亂　多流亡入韓者。」

建武二十年、韓人と斯人の蘇馬提等が楽浪郡に来て貢物を献じた。光武帝は蘇馬提を韓と斯の邑君と為し、楽浪郡に服属させた。季節ごとに朝謁している。霊帝の末、韓、濊が共に勢いが強く、郡や県はこれを制御することができなかった。住民は乱に苦しみ、さまよいさすらって韓に入る者が多かった。

光武帝は、韓人と斯人と蘇馬等を、韓と斯の邑君に叙している。韓人と斯人と馬韓人邑君とは共に、天下を号した月支国が滅亡して後の三韓の王である。ここで辰韓の王をそれぞれ楽浪郡に冊じた。漢の大守公孫氏の楽浪郡が実は冊封制度の国々で成り立っていたのである。

『魏志』の辰韓条「辰韓は馬韓の東に在り、この耆老《きろう》が言うには、むかし亡命人らが秦の賦役を逃れてこの地に入った。馬韓はその東に地を割いて彼らに与えた。そこには城柵（円楼か？）があり、彼らの言語は馬韓とは同じではなかった。国を邦、賊を寇、行酒を行觴と言い、相呼ぶのに徒というがごときは、秦人に似ている」

秦の賦役とは万里の長城の建設に駆り出されたことである。農村部を守るのは女と子供ばかりだというほど男はみな駆り出されていた。中原から労役夫たちの食料を送るため、食料までも簒奪されて農村部の人々は疲弊していた。

「中国人は秦の乱に苦しみ、東方へ亡命してくるものが多かった。彼らは馬韓の東に進み、辰韓人と雑居していたが、その数が多く栄えたので、馬韓ではこれを忌み嫌った」

こうして、馬韓には言葉が異なっていた秦の民が流入した。大多数が中国からの亡命流民だったのである。これらの民を「阿人」といって濊貊《わいはく》の朝鮮族と区別しているのである。

倭地は複数カ所あった

『**後漢・王充の論衡 巻八・儒増篇**』
「倭人は、鬯艸《ちょうそう》（芳香酒）を貢献した」

……倭人が献上した鬯艸（芳香酒）は、ハーブを使った不老長寿の神仙酒で、粤地《えっち》、広東・広西の特産物であった。亜熱帯でしか生育しない。したがって、中国南部の倭人が献上したと考えられる。後に、鬯艸は不老長寿といってもあまり効き目はなかったと言われた。

ともあれ、この一文は、倭人が周の時代（紀元前一〇〇〇年頃）のあと揚子江の江南の海岸沿いに幅広く住んでいたという有力な文献である。

『**山海経**』第十二「海内北経」
蓋国　在鉅燕南倭北　倭属燕
「蓋《ケイ》国は鉅燕《きょえん》の南、倭の北に在り、倭は燕に属す」

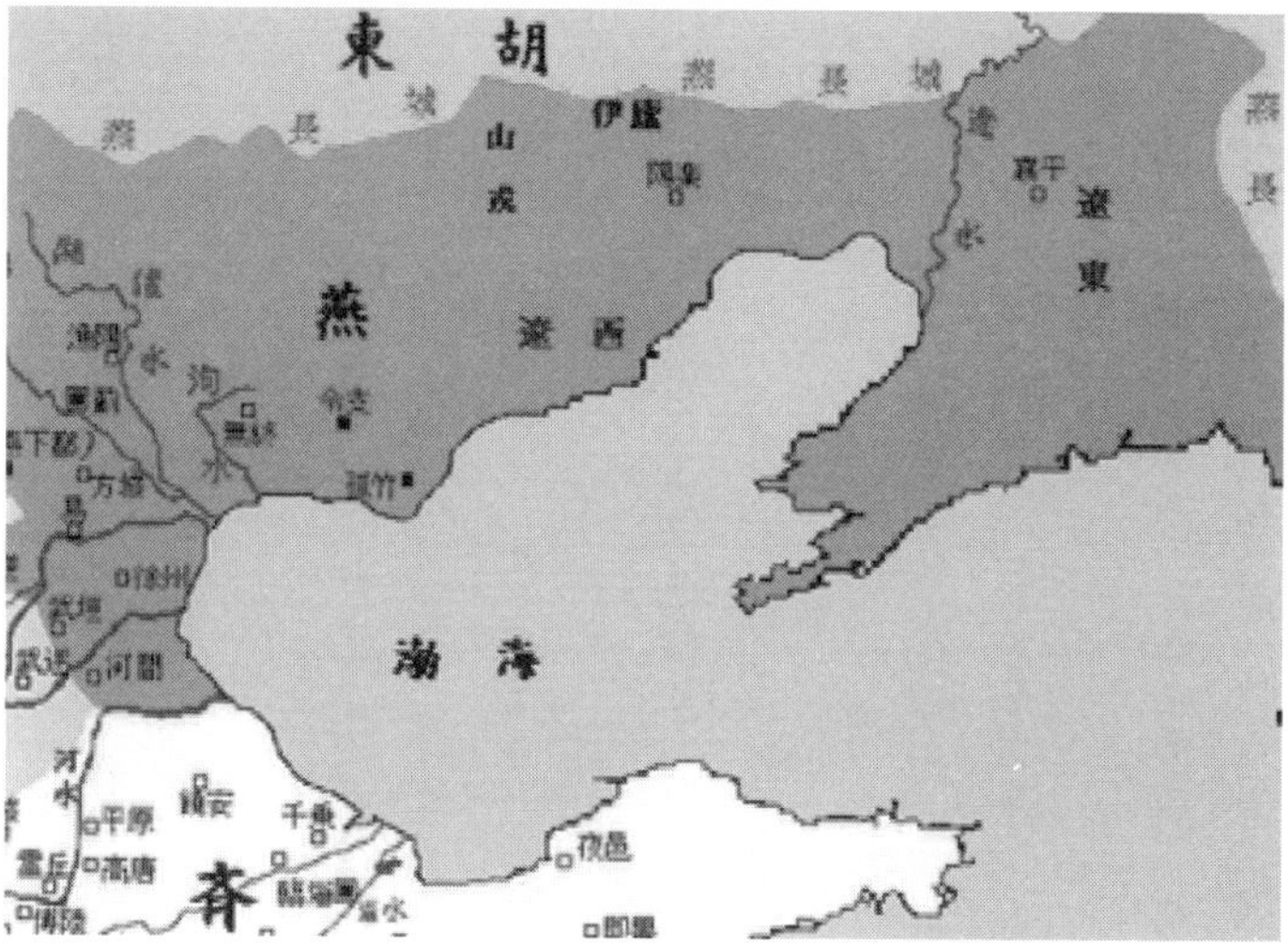

図1　大燕国

山海経《せんがいきょう》には「蓋国在鉅燕南、倭北、倭属燕」とある、その倭がどこにあるのか探ることにしよう。

大燕《えん》国は、秦始皇帝に滅ぼされる紀元前二二二年まで続いた戦国七雄の国。燕国は幽州にあたり、殷（商）の末裔王国。始祖は周の武王の弟、召公。今の河北省・東北南部・朝鮮北部を領し、都は薊《けい》（今の北京）にあった。「鉅《きょ》」は大きいの意味で、大燕と同意である。漢の時代はその東が楽浪郡だった。

蓋《ケイ》国は盖馬《けま》で、鮮卑族の国である。遼東半島の鴨緑江中流域の南にあった。蓋馬は紀元前三七年、高句麗建国の際に併合され、五部族の猪加（貫那部・前部・南部）と称すようになった。猪加はいのしし部族である。

「灌奴部、也叫貫那部、南部、前部、由盖馬和句茶国居民改組而成。」によると、猪加は後世、灌奴部・貫那部・南部・前部とも呼ばれ盖馬と句茶国の居留民を改組して結成された。

この蓋国が存在した地勢が描けるのは、前漢の武帝が楽浪、玄菟、臨屯、真番の四郡を設置した時、すなわち、玄菟郡に併合される紀元前一〇八年以前ということになる。蓋馬高原は朝鮮民主主義人民共和国の北東部、日本海側にある咸鏡南道《ハムギョンナンド》、両江道、慈江道にまたがる台地である。武帝が沃沮《よくそ》城を玄菟城（郡治）にしたと伝えることから、ここは東沃沮と呼ばれるようになった（朝鮮東北部の日本海側一帯）。この時代にすでに倭国が蓋国の南にあり、燕に属しているというのである。この『山海経』の記述は結構重たいものがある。

ちなみに『山海経』は、中国の地理書で、中国古代の戦国時代から秦朝・漢代（前四世紀～一世紀初頭）にかけて徐々に付加執筆されて成立したものと考えられており、最古の地理書（地誌）とされる。これによれば、前漢（紀元前二〇六年～八年）の中期には倭国と呼ばれた国が存在していたと考えられるのである。

そんなわけはない、と思うところだが、この倭国は、楽浪国に置き換えると矛盾がなくなる。楽浪国は、三七年、高句麗大武神王が襲い、滅ぼされた。その七年後の四四年、光武帝は海軍を差し向け高句麗を撃った。そして、薩水（大同江）以南を奪い、楽浪国を再び漢の冊封とする。

こうした史実から、ここに楽浪国があり、漢に侯国として冊封されていたことがわかる。『山海経』では楽浪国を倭国と称しているのである。

それから二世紀ほど時代が過ぎた話になるが、公孫氏の子女・燕の召氏の末裔・卑弥呼

図2　正始年間（240年～249年）は第三次玄菟郡

が楽浪人であり、それは倭人であるという図式が成り立つのである。

■遼東の倭人

范曄の『後漢書』（巻九十、鮮卑伝）

「東して倭人の国を撃ち、千余家を得た。徙して秦水の上に置き、魚を捕らさせて、もって糧食の助けとする。」

范曄の『後漢書』鮮卑伝では倭人、『三国志』鮮卑伝では汙人と表記される。鮮卑族は魚を取ることができなかったので、倭人に魚を取らせて食料を補給した。このころ飢饉が広範に襲っていたのである。遼西に盛んに侵略し始めたのは一七八年、この飢饉の時期と一致する。倭人伝の卑弥呼の前の男王の時、争乱が七、八十年続いたという文章の真の意味はこのあたりにあるのであろう。

熹平六年（一七六年）頃、鮮卑は幽州を寇掠し、東の倭人を捕虜にして魚を取らせた。檀石槐《だんせきかい》（一三七年～一八一年）は鮮卑の酋長の家に生まれたが、父が遠征中に生まれたため、母が不貞を疑われ、母子ともども実家に戻された。母の実家で育った檀石槐は勇敢さと統率力に長け、その評判が父の耳に届き、父は檀石槐を許した。

実は、檀石槐の母が倭人だったらしいのである。そのため、檀石槐が倭王であったという説には、けっこう根強いものがある。これに対して、霊帝は何度も討伐軍を送ったが、檀石槐の連戦連勝に終わったと伝える。

とうとう霊帝は、檀石槐を王に封じるとの使者を派遣した。檀石槐は「俺は漢の奴隷になるつもりはない」と言って断り、怒って幽州や并州を略奪して回った。一一七年夏、鮮卑は三辺を寇掠した。そこで朝廷は、護烏丸校尉の夏育、破鮮卑中郎将の田晏、使匈奴中郎将の臧旻を派遣し、南匈奴の屠特若尸單于《ぜんう》の軍とともに雁門塞《かりもんさい》（中国山西省の北部にある北部匈奴の侵入を防いだ関）から長城の外に出ると、三つに分かれて進み、二千余里を突っ切って遠征を行った。檀石槐は、配下の部族を指揮してこれを迎え撃った。臧旻らは敗走して、無事に帰還できた兵馬は十分の一にすぎなかった。その冬、鮮卑は遼西《りょうせい》を寇掠した。


『後漢書』が書いた倭人とは、いったいどこにいたのだろうか。

そこは優渤水《ウバルス》という沢にいた高句麗の神母、河伯神女と称される柳花夫人（朱蒙の実母）の故郷ではないかと思う。青河（今の遼河）の川上である。これは、河伯族の分布領域である。そこに海南国（コタン国）があった。王がコタン族長を滅ぼすときに、将来は、自分の娘が弟の族長に嫁いでいるので、「娘だけは助けてください。」と懇請した。王は「茅の輪を腰に巻き、護符を付ければ守られる」と告げて、茅の輪を腰につけた娘だけを殺さなかった。王は助けた将来の娘を連れ帰って、なんと妃にした。その娘以外は皆殺しにされたのだから、シンデレラストーリーにしては、ずっと恐ろしい話なのだが、それが京都に多い無病息災のご利益がある「茅の輪くぐり」の起源である。平安南道に「蘇民将来之子孫海州后入」の文字を赤紙に書いて門に貼る風習があったと伝える。ここでは、后になったということが大きな意味をもつ。

＊コタン国には小古・巨旦・古単・古端などの漢字が充てられている。
＊北野天満宮の神社本縁では、南海の女、巨旦将来、武塔神
＊備後国風土記逸文の蘇民将来伝承では、南海の神、蘇民将来、武塔神
＊武塔神　前八六年東扶余建国の解夫婁《へぶる》王の後継・金蛙《くムワ》王である。
河伯《へべく》神女は金蛙王の王妃で朱蒙《ちゅもん》の母である（古事記では沼河日売で登場）。対する王后（古事記では須勢理比賣の嫉妬で登場する）は馬加の姫で帯素、曷思（諱・不明）の母である。これらの物語は前六〇年頃の出来事である。

（参考：古事記大国主の段　四：沼河比賣求婚・五：須勢理比賣の嫉妬……金蛙王こと武塔神は、八千矛神《やちほこのかみ》として登場する。古事記は史実上の人物がちゃん

と存在しているのである。だが、名前や地名、年代をカモフラージュして神話を装っている。なぜか敢えて事実を分からなくしていると思えるのである。古事記で最初に登場する歌はこの三人の歌垣（恋愛歌）である。古事記のこの段は、けっこう人間感情やエピソードをきちんと拾っているところが面白い。）

＊遼河は内モンゴル・遼寧・吉林の三省が交わる付近で、東遼河と西遼河の二つの河に分かれる。西遼河の上流はさらに二つに分岐する。北源のシラムレン（西拉木倫）河は内モンゴル自治区克什克騰旗南西の白岔山から流れ出ており，南源の老哈河は河北省平泉県の光頭山に源を発している。河北省、内蒙古自治区、吉林省、遼寧省を流れ、渤海に注ぐ大河。扶余の故地は松花江のあたりだが、東遼河をさかのぼれば容易に渤海《ぼっかい》に着くことができる。

■楽浪人

楽浪人というのは、幻の楽浪国にいた民といわれ、その存在が実際にあったのか争点となっている。『三国志魏書』「辰韓」によれば、阿人は燕《えん》や斉《せい》ではなく、楽浪にいたと書かれている。

楽浪国は公孫淵が帯方郡を設定する以前、前漢の武帝が（衛氏）朝鮮を滅ぼして楽浪郡・真番郡・臨屯郡、玄菟《げんと》郡の四郡を設置した。真番郡は三国時代の百済の地域、臨屯郡は新羅の地域である。紀元前七五年、玄菟郡を西に移し、半島は楽浪郡だけとなる。後漢になって、楽浪郡を直轄で治めることが困難になり光武帝は冊封制に移した金印を大盤振る舞いしたのがこのときである。そして、奴国も金印を頂戴したのである。

三〇年、楽浪郡の豪族王《ワン》調が反旗を掲げ、半年以上も楽浪を支配し独立国とした。この王氏は遼東の名門で、後に北魏の政治基盤を築いた文明皇后の実家にあたる。

三七年、高句麗大武神王（無恤《ムヒュル》）が楽浪郡を襲い、これを滅ぼす。四四年、後漢の光武帝は海軍を差し向け楽浪郡を奪還する。薩水（大同江）以南を奪い返した。楽浪郡東部都尉を廃止し、各国邑の長師や渠帥《きょすい》を候王に任じて、さらに、不耐濊・華麗・沃沮《よくそ》なども候国とした。その結果、楽浪郡は「王氏」から「崔氏」に代わっただけだと言われる。これ以後、楽浪国の王は崔氏と看做《みな》すことができる。翌月、高句麗第三代王無恤は死ぬ。高句麗は清川河《チョンチョンガン》以北に後退したが、鴨緑江河口は占領し続けた。

帯方郡は貊《はく》族や濊族など朝鮮族の文化ではない

『三国史記』高句麗本紀・大武神王紀には、大武神王の王子好童《ホドン》と楽浪王の姫との説話「楽浪公主（王女）」が挿入されている。

「好童が楽浪国王、王氏の王女を誘惑して妻とすると、妻となった王妃は父王に盛んに高句麗につくよう説得し始める。楽浪国の宝である角笛・太鼓（敵が寄せると自然と鳴るという自鳴鼓角）を壊すよう妻に命じた。好童は大武神王に、今こそ楽浪国に攻め入る好機と勧め、大武神王は楽浪国に攻め入った。宝器が鳴らなかったために備えを怠った楽浪国王は、突然城下に迫った高句麗軍を見て驚き、娘が宝器を壊したことを知って娘を殺し、自らは城を出て降伏した」（「郷間《ひゃんかん》」の罪とは内通者の意で王族であっても死刑だった）。

王女の名前は史書では伝わっていない。ゆえに、幻の楽浪国と言われている。この話は、神話としては景行紀によく似ている。小碓命《おうすのみこと》が熊襲梟師《くまそたける》の持つ弓を絶つことを策す。熊襲梟師の二人の娘の姉、市乾鹿文《いちふかや》を欺いて幕下に囲って寵絡し、幣《まいない》を渡して娘に矢を破壊してくれと頼む。姉娘は言われるままに、父にしこたま酒を飲ませると、酔って寝ているすきに弦《ゆづる》を断ってしまう。潜んでいた刺客はここぞとばかり熊襲梟師を殺してしまう。

市乾鹿文比賣《いちふかやひめ》はまさか父を殺すためだとは思っていなかったのだろう。しかし、小碓命《おうすのみこと》は逆に罪を問うてこの姫を殺してしまう。小碓命とは、日本武尊《やまとたけるのみこと》の若い時の名である。孫子ではないが、国（部族）を攻略するための「だまし」は正当化される。トラップは正義に反すと思うのは武士道を信じる日本人だけである。

楽浪国の残党、弁韓や日本に逃れた箕《き》氏の部族が阿人、つまり倭人であった（後節論証）。後に公孫燕に冊封が継がれて現在の日本列島九州にまで支配が及んだ経緯は、楽浪国に始まるのである。

となると、卑弥呼のいた帯方郡は、古《いにしえ》の楽浪人で、「阿人」という部族であったことになる。阿人は、秦人とも倭人とも称されていたことが分かる。卑弥呼が倭人で倭国女王であるというのは、楽浪人を射程に入れる必要があるようだ。

＊好童王子　東扶余二代目金蛙《クムワ》王の八王子の一人、曷思王《カルサワン》（諱《いみな》は伝わらず）は孫娘を無恤（大武神王在位・一八年―四四年）の次妃に嫁がせた。好童王子は曷思王の孫娘が母だとする。

■月支国は辰王の為政地

王箕準《きじゅん》、賊の衛満《えいまん》に敗れ海に入る。諸加の衆は上将の卓《たく》を奉じて、生郷に月支国を立てる。中馬韓という。(司馬遷史記)。
辰王は卓氏である。そして、月支国に王宮があったことが知られている。この王宮は日本書紀に書かれる胸形《むなかた》の宮に比定できそうである。

『後漢書　巻八十五　東夷列傳第七十五（三韓）』　後漢武帝建武二十年（四四年）、韓人と斯人が楽浪に朝貢したとある。韓人が加羅人、斯人は新羅人である。このとき、月支国王は加羅と新羅のうちの代表国が輪番で共立され、辰国の王権を維持していたことになる。

辰王は小月日国（黄河の西）の人で、西域からの渡来人であるという。一説では、卓氏は趙《ちょう》国（山西省郎鄲）の鉄工部族（鉱山・鍛冶貴族）であったという。趙は戦国七雄の一つに数えられる。首府は邯鄲《かんたん》（河北省邯鄲市）。紀元前二二八年に秦に滅ぼされたあと、東方移動を開始したとしても、建国したのが紀元前一六九年なら趙国を離れてから卓氏二世か三世になる。はじめに遼河周辺におり、その後、鴨緑江に高句麗が台頭すると南下して平壌に、次いで、漢の真番が設置されると、辰国は漢江より南に移住した。紀元前三世紀頃は、ほぼ三韓を覆って大王を務めていた。朝廷が三韓を「内官家屯倉」と定めることができたのは、日本に移住した後も、古の辰国の王統権を持っていたからだろう。大和朝廷に延々と百済、新羅、耽羅《たんら》が朝貢を続けた機縁はここにあったのだろう。月支国は、三国志では目支国（後漢書）と書かれ、実在した国である。

「後漢書～東夷列伝」韓人と斯人、蘇馬らが楽浪郡に詣で、貢献した。光武帝は、蘇馬らを封じて韓と斯の邑君とし、楽浪郡に属させ、四時に朝謁させた。この邑君が月支国の大王を意味していたのだが、三国で共立していたことが明らかとなる（後節）。

＊月支国が多数の船を持っていたことを裏付ける記事

日御碕神社（島根県出雲市）の伝承。

「孝霊天皇六十一年（一七七年）月支国《つくしこく》の彦波瓊王《ひこはにおう》多数の軍船を率いて襲来す。特に神の宮、鳴動し虚空より白羽の征矢落つるが如く飛びゆき、見るほどに波風荒びて賊船覆没せりと云う。」（新羅南解王九年＝孝霊六十年＝一七六年、月支国の王の名が書かれている希少な記録ではあるが、後世の偽書のようでもあり、要注意であることも付記しておく）。

■裴世清《はいせいせい》も倭国が華人で秦王国だと驚く

「大業四年（六〇八年）、上、文林郎・裴世清《はいせいせい》を遣わして倭国に使せしむ。（一行は）百済を渡り、行きて竹島に至り、南に済州島を望み、対馬国を経、はるかに大海のなかにあり。また、東へ進んで壱岐に至り、また筑紫国に至り、また、東して秦王国に至る。その人華夏（夏王朝）に同じ、以って夷洲となすも、疑うらくは、明らかにする能わざるなり。また十余国を経て海岸に達す。筑紫国より以東は、皆倭《やまと》に付庸す」（随書倭国伝）。

裴世清は飛鳥の京都を見て、「日本は未開野蛮の国（東夷）であるはずなのに、夏王朝の人と同じである。どうしてこんな高度な文化が栄えているのか？」と、びっくりするばかりだった。大和（飛鳥《アスカ》）が秦王国へとジャンプし、王が夏王朝の華人であると報告したのである。

『梁書』百済伝には、その国は倭に近く、身体に入れ墨を施している者がとても多い、と書かれている。馬韓の地域に入れ墨をした民がいたことを示す。入れ墨をしているのは倭人の条件である。楽浪、帯方に倭人がいたということは間違いではない。

＊紀元前一〇七年〜第一次玄菟郡・紀元前七五年〜第二次玄菟郡・一〇七年〜第三次玄菟郡　王頎が玄菟郡太守であったのは第三次玄菟郡だ（図2）。

中国では、もともと服装や生活習慣、思想の違う種族（人種ではない）を、南蛮、東

図３　帯方郡治と楽浪郡治の所在地と襄平城

夷《い》、西戎《じゅう》、北狄《てき》などと称して華と区別していた。平原の主流派の文化が中華であり、その他を辺境とした。時代とともに夷人が華人になったり、華人が辺境に取り残されて夷人とみなされたりした。

さて、現在の民族という概念でとらえると、中国には五十五もの小数民族があるといわれているが、みな蛮、夷、戎、狄となる。だが、隋の楊氏は鮮卑族（トルコ遊牧民・モンゴル）、唐の李氏は突厥（テュルク・トルコ）、元（匈奴・モンゴル遊牧民）、清（女真族）など、多くは異民族王朝であって、漢族王朝はわずかに漢と明しかない。

楽浪塼室墓《らくろうせんしつぼ》は中国が源流の古墳だった

最近、沙里院付近の古墳から「帯方太守張撫夷塼」の銘が発見され、帯方太守の墓として確認された。

他方、楽浪郡治の所在地が、現在の平壌の郊外で、大同江を挟んだ北岸にある楽浪土城（平壌市楽浪区域土城洞）にあったことが確認されている。

楽浪郡中期および楽浪郡後期に盛んに作られたのが、塼室墓《せんしつぼ》（楽浪漢墓）といわれる古

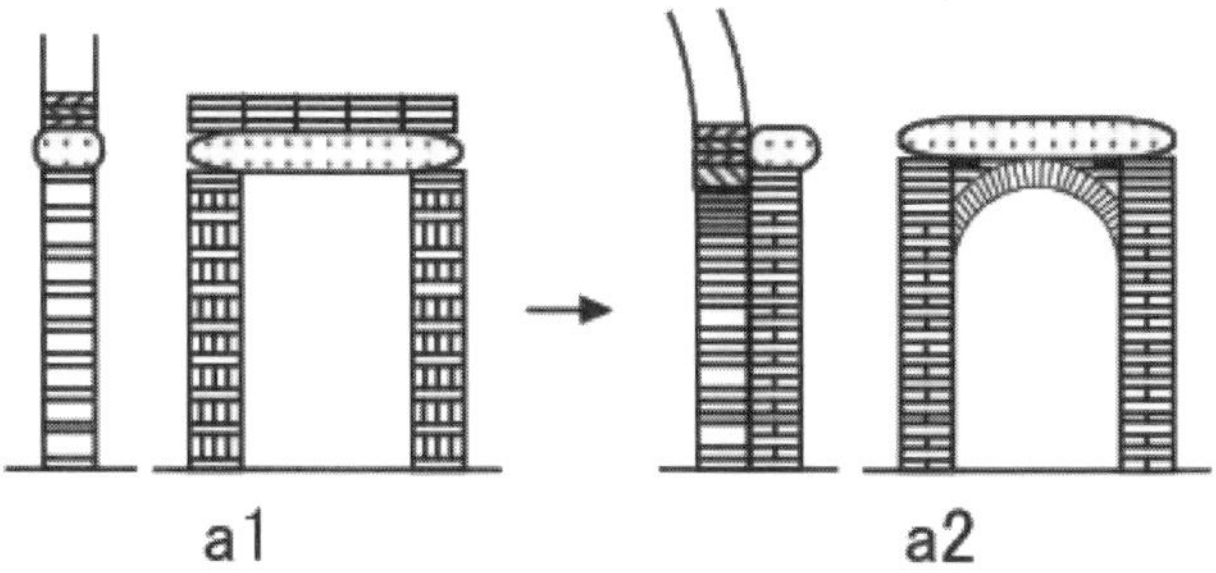

図４　楽浪塼室墓の形状

墳である。

一九〇九年に一号で発掘されたのが楽浪塼室墓で、そこが楽浪郡治跡だと確認された。その後、平安南道から黄道郡一帯に九百基も発見されている。補足すると、墓制からみると、帯方郡は貊族や濊族など朝鮮族の文化ではない。

楽浪塼室墓の形状についていえば、図4のａ1は、左の壁が一つ、ａ2は左の壁が二つという違いで、ほかにａ6まで分類されている（塼《せん》（zhuān）は繁体字でレンガの意味）。

ａ2—ａ6はすべてアーチ型になっている。

これらの古墓は、中国から楽浪に派遣されてきた漢・魏の太守など上級官吏の墓であるだけでなく、この地域の楽浪国の王侯貴族の墳墓であったと推測できる。墳墓形式はその種族に代々継承され、そう簡単にコロコロと変わるものではない。当然、中国でより古い塼室墓が見つかっていなければならない。

漢・魏・晋代の磚積《せんづみ》石室の墓群は、中国，甘粛省嘉峪関市の東方約二十キロメートルのゴビ灘《タン》の砂漠中、南北二十キロメートル、東西三キロメートルにわたって存在する。長大な墓道にある墳墓の特徴は、彫塼で飾った墓門、塼築方形でドーム式天井の前・中室、長方形でアーチ式天井の後室を持っている。前室に耳室を設けるほか、壁龕《へきがん》を持つものもある。そのうち、一九七二年―一九七三年調査の六基と一九七七年調査の一基に彩色壁画が見つかる。地表には墓域を画す石囲いがあり、中に封土墓が数基築かれている。塼室墓や土洞墓に石や塼《れんが》の「床」が設けられ、壁画が描かれている。魏晋壁画は現実の生活を反映させたものが多く、牧畜や狩猟などを描いたものが六百点余に及ぶという。

日本における、いわゆる装飾古墳では、福岡県の大塚古墳や竹原古墳の彩色壁画には馬が描かれ、五郎山古墳には馬に乗って弓をかまえた狩猟が描かれている。魏晋壁画と比較考証が行われてしかるべきであろうか。また、楽浪墳墓によく似ているものは奈良県桜井市東南部から宇陀郡にかけて磚積石室墳墓（磚槨墳《せんかくふん》）が十六基ほど発見されている。


又南渡一海千餘里、名曰瀚海、至一大國、官亦曰卑狗、副曰卑奴母離。方可三百里、多竹木叢林、有三千許家、差有田地、耕田猶不足食、亦南北市糴。

再び南に航行して、瀚海《がんかい》という海を千里余り渡ることで壱岐島（一大国）に着く。官はまた、（対馬と同じで）ヒコ、副官はヒナモリという。島は三百里四方の大きさで、竹林や雑木が多く、三千ぐらいの家があり、農地はあるが不足しており、耕作しても食料は足らないので、船に乗って南北の市場に行って穀物を買い入れている。

ここの官は二人とも対馬と同じ名前である。壱岐は対馬が支配した小国であろうか。一大という国名の大の文字は、奇の略字ではないだろうか。奇の文字の下付きの可を取れば大となる。一大は一奇で壱岐と転字できる。

倭人伝の里程は単純な机上の計算値だった

さて、いよいよ邪馬壹国への里程についてである。まず、次の図5のルートについて、『魏志倭人伝』では、帯方が九州への旅の出発点である。

■投馬国の航路

⑤帯方郡から投馬国（宮崎）……帯方郡から東シナ海を南下、太平洋に出て、鹿児島沖を巡り日向灘を北上する航路をとり、水行二十日。

投馬国は現在の西都原《さいとばる》古墳群のある宮崎県。陸路では阿蘇山越えが必要なため道が険しく、海路での往来を記したのである。

末盧国～邪馬壹国、陸行は日数で計る

末盧国→伊那国→奴国→不彌国→邪馬壹国……邪馬壹国に到着するまでの経路を使節史が実際に要した時間が一カ月。

▼全里程から水行と陸行を分離する

①帯方郡の大同江の河口から弁韓の南端、全羅南道沖あたりまで七千里（実測：八百十二キロメートル）

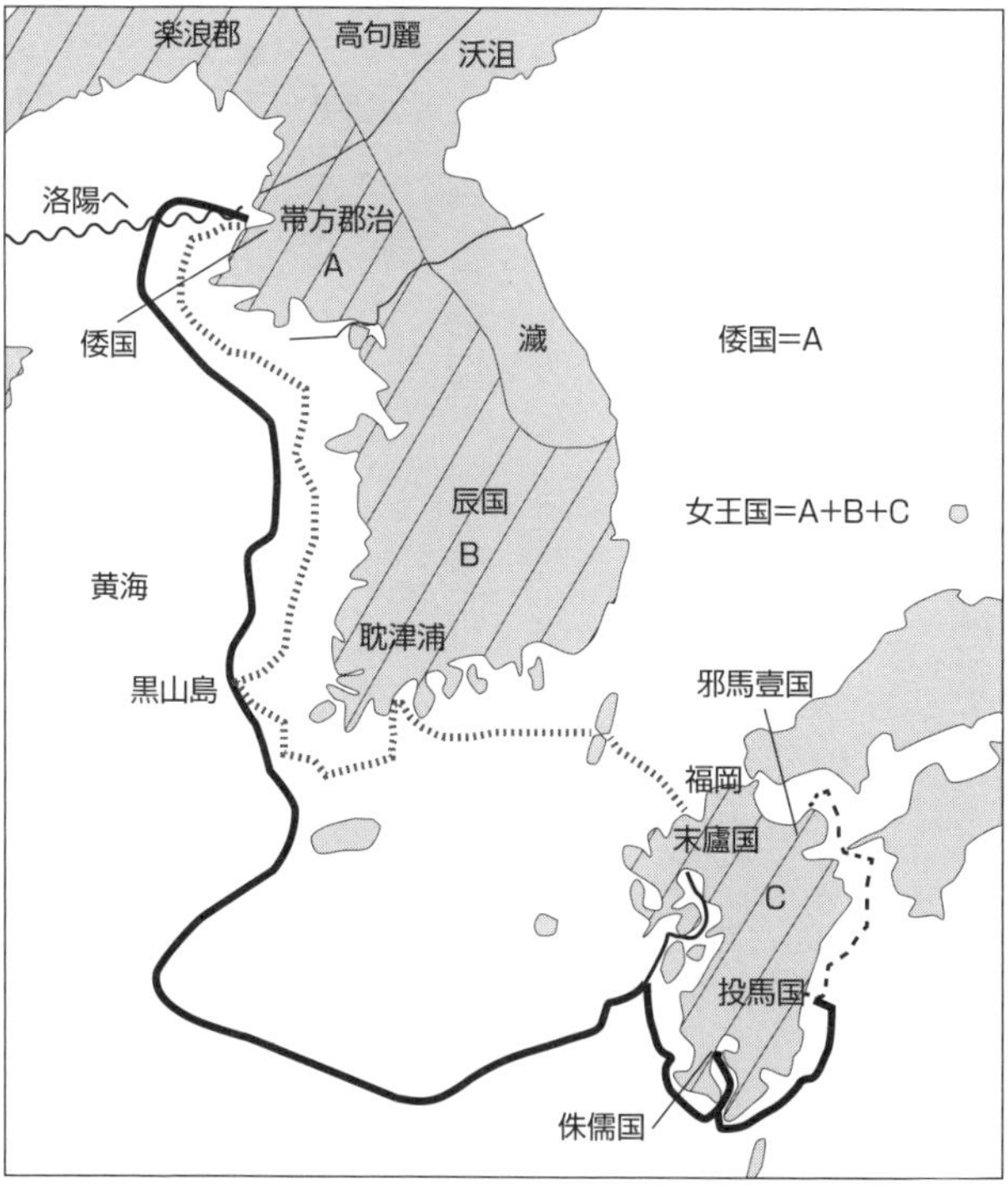

図５　帯方郡からのルート

・┈┈＝水行十日＝往路＝伊都国ルート（千三十キロメートル）

・━━＝投馬国ルート＝水行二十日（千八百キロメートル）

・〜〜＝吉《よし》野《の》ヶ《が》里《り》ルート＝倭人伝には書かれていないが、投馬国より五日少ないくらいと推定。

・----＝ 復路・帰路（二千六十キロメートル）

＊括弧（　）内のキロメートルは地図上の計測値。

②弁辰加羅国から対馬まで千里〈対馬海峡を渡る〉（二百十キロメートル）
③対馬から壱岐まで千里（六十八キロメートル）
④壱岐から末盧国まで千里（四十二キロメートル）
③と④を同じ千里にしているのは所要時間が同じだったからだろう。
▼水行で里程の書かれている範囲は、①＋②＋③＋④＝水行十日＝一万里（千三十キロメートル）

⑥末盧国→伊都国　東南五百里（六十二キロメートル）
⑦伊都国→奴国　東南百里（三十六キロメートル）
⑧奴国→不弥国　東百里（三十キロメートル）
▼陸行で里程がある範囲を加えて合計すると、①＋②＋③＋④＋⑥＋⑦＋⑧＋⑨＝一万七百里である。
⑨不彌国→山間道→邪馬壹国（倭人伝では約千三百里）
▼全里程一万二千里から不弥國までの一万七百里を差し引くと、残り千三百里である
⑩斯馬国から先の里程は一切記載なし（陸路か水路かも不明）。
斯馬国、已百支国、伊邪国、都支国、弥奴国、好古都国、不呼国、姐奴国、対蘇国、

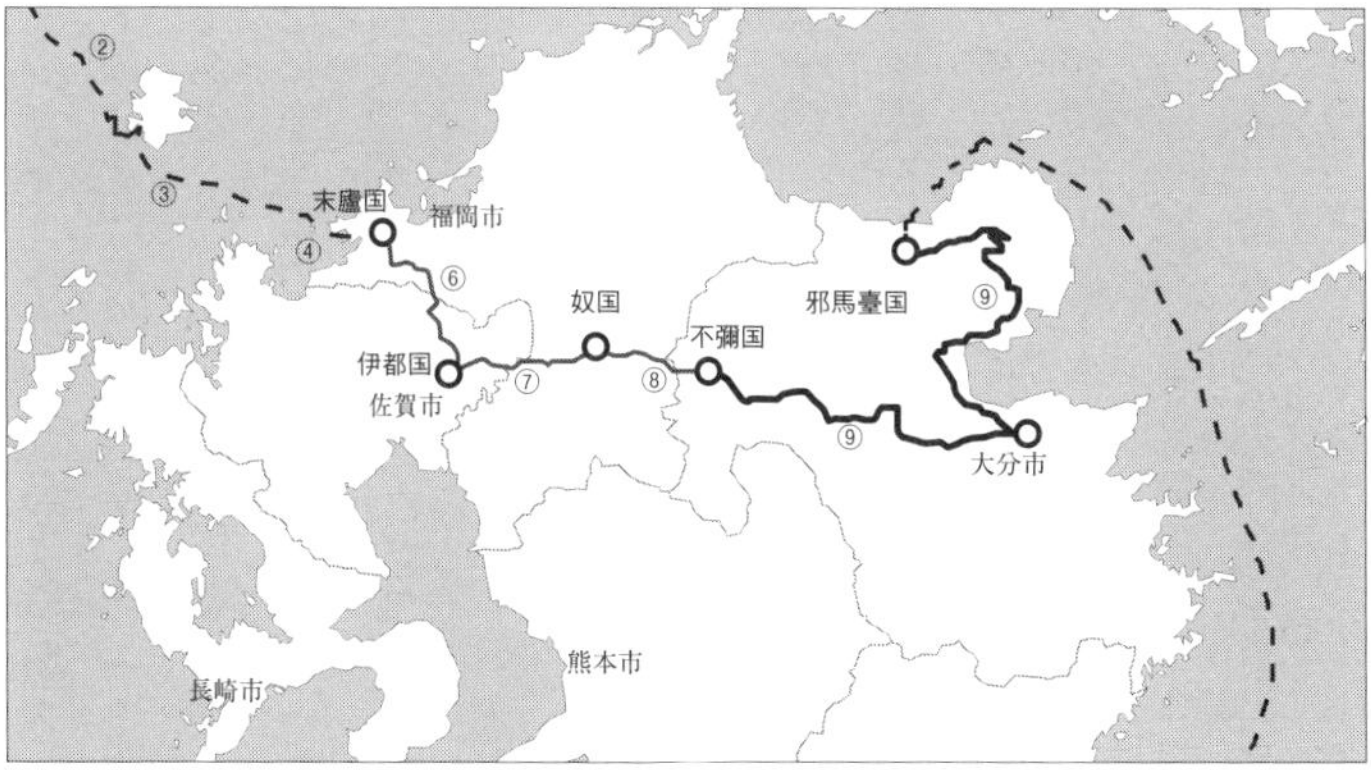

図６　邪馬臺国へ至るまでの陸上ルート

蘇奴国、呼邑国、華奴蘇奴国、鬼国、為吾国、鬼奴国、邪馬国

躬臣国、巴利国、支惟国、烏奴国、奴国（周囲八十キロメートルの範囲か？）

▼⑥～⑩までが陸行一カ月である。邪馬壹国は⑩以下のエリアにある

そこで、陸行も航行も日数で測り直してみよう。尺は肘から手首までの長さを基準にしているので、漢～隋までの間、多少の変動があっても二十四センチメートル～三十一センチメートルに納まっている。周・春秋・前漢時代は二十二・五センチメートル、後漢は二十三・〇四センチメートル、魏は二十四・一二センチメートル、唐は三十一センチメートルであるとされる。魏尺によれば、歩は六尺で、百四十四・七二センチメートル。丈は尺の十倍で、約二・四一二メートル。一里は三百歩で四百三十四・二メートルである。尺の寸法は時代を下るごとに長くなり、変動幅は三〇％近くになるが、逆に言えば尺を基準にとれば誤差は最大三〇％以内に留まる。

水行で里程の書かれている範囲は、①＋②＋③＋④＝水行十日＝一万里。

水行も日数を基にした乗算値だった

ところで、海路の船旅では、更《こう》（約二時間）を計るために、線香を焚いて、その消費した本数や残る長さで時間を計っていた。それをもとに日数で報告していたはずである。魏の一万里は四千三百四十二キロメートルになる。

この四千三百四十二キロメートルを信じると、十日で到達するためには二十四時間航行で十ノット（毎時十八キロメートル）で進まなければならないことになる。これは現実離れしている。帯方郡治の港から糸島まで、出発地点と到達地点が分かっているので、実際の距離は約千三十四キロメートルほど。これを魏の一里で割ると、二千三百七十三里にしかならない。この誤差はどうして生まれるのだろか。そこで、陳寿らは船の速さを十ノット（毎時十八キロメートル）として、十日分に乗算して単純にこの区間を一万里としただけなのだ。

■水行十日で帯方郡から九州北岸まで到着できるか？

帯方郡の大同江の河口付近、帯方郡治の港を出て、そこから耽津浦（全羅南道康津郡）あたりまで七千里（八百十二キロメートル）。いよいよ沿岸航行から、渡海航行に入る。対馬、壱岐を経由して糸島市（旧前原）で下船した。仮に最低速度、平均速力四ノットを想定して一日あたり十六時間走行したとすると、約百十八・五キロメートルである。十日で千百八十五キロメートル進む。まさか四ノットしか出ないわけはないだろうから、十日余りで悠々到着するはずである。

ちなみに、耽津浦は百済の時代の冬音県にあり、現在の全羅南道康津郡大口にあたる。ここは三国時代から日本交易の重要な港だった。

他方、「亭」「置」「伝」は、一里塚のように一定距離ごとに目印の樹木や施設が置かれたもので、陸路を行く場合は、その数で里数を求めていた。

さまざまな事情でこうした方法が適さない場合は、日数をもって表記するのが普通の決まりであった。『隋書倭国伝』では、「夷人は里数（距離）を知らず、ただ計るに日数をもって計る」とあるので、日数の記録を、陳寿が机上で里数に単純に乗算したということではなかろうか。

したがって、水行十日も陸路一カ月も、日数から陳寿のやり方をやり直す必要がある。

伊都国〜奴国（吉野ヶ里〜甘木は道のり三十六キロメートル）は、筑後川沿いのわりと平坦な道のりだから、平面計測距離は三十六キロメートル。百里四十三・四二キロメートルと比較して、大きな差はない。

ウォーキングのアバウトな歩数は一時間で六千歩、歩幅の計算式は身長×〇・四五で、仮に百六十センチの身長の人の歩幅は七十二センチメートルである（歩幅とは、地面に着地している片足のつま先から、一歩踏み出した足のつま先までの長さ。歩数とは歩行の際の、足で踏む回数。歩幅＝一歩）。この人の歩く距離は、一時間で四・三二キロメートルになる。伊都国〜奴国は、時間に換算すると、約八・三時間となる。百里に七・二五時間、これを定数とみて末盧国〜伊都国は五百里なので、約三十七時間歩行したことになる。一日の日中歩行を七時間として換算すると、五百里は五日の日数となる。

そこで、右で得られた定数を当てはめると次のようになる。

⑥は五百里……約五日　峠越えの山道なので五日。平坦な道なら約二日間（＝六十二キロメートル）。
⑦は百里……約一日（三十六キロメートル）ほぼ平地。
⑧は百里……約一日（三十キロメートル）ほぼ平地。
⑨は千三百里……約十三日　山間部の古道である。平地なら八日間（二百五十キロメートル）。

山道で峠をいくつも越える道ならば、当然所用日数が多くなる。末盧国〜伊都国⑥までを、現場を知らない陳寿や文官が、一日あたり百里相当の定値を掛けて五百里にしたのだ。日数と路線距離が、実態とかけ離れているのかは意に介していない。

吉野ヶ里から甘木⑦まで百里、甘木から日田市⑧も百里である。この里数は、地形を加えて判断する必要がある。このあたりの筑後川の上流は東であるが、まだ割と平坦な道である。ところが、日田市を過ぎると由布岳までは上り下りのある山道である。九大本線沿いに古道をとってみると、明らかに山間部を通行する。A官史らの山間部を通行する時間は平地に比べて、およそ二・五倍に相当している。

不弥国〜邪馬壹国⑨も山間部の歩行であるので、一万二千里から引いた残りの千三百里は、八日分の路線距離換算できる。すると二百二十五・八キロメートルとなる。地図上で、二百二十五キロメートルぐらいの古道を探ればいいことになる。

一カ月間で、移動に要した日数は二十日、のべ十日間は宿場か諸国の館に滞在していたと考えられる。官史Aは五カ所の役所で接待を受けたり、戸数を調べたり、税の記録も読んでいたのである。

蛮夷の国がすべて一万二千里というのは、ただ「遠い」というぐらいの意味

漢書の西域伝では、カシミールもアフガニスタンもイランも、すべて長安から一万二千

里になっている。都護を置かない国、中国の支配下にない国は、すべて一万二千里として いるのである。ところが、長安から大月氏国まで一万六千三百七十里（後漢書）と、やたら細かいのもある。

後漢の「西域都護」に任じられた班超《はんちょう》は、「虎穴に入らずんば虎子を得ず」との有名な台詞《せりふ》を吐いて、タリム盆地一帯を制圧し、「西域都護」を設置したから、大月氏国だけは詳しいのだろう。それ以外の一万二千里は、今日の計測距離をあてはめることが無駄なようである。「郡より女王国にいたる一万二千里」とある一万二千里は、ただ遠いということぐらいの意味しかないようだ。陳寿が、一万二千里を分割し、帳尻を合わせたとしたら里程論のすべてが虚論となるはずだ。いずれにしても一万二千里を信頼することはできないだろう。

＊大月氏国《だいげっしこく》……武帝（在位：前一四一年～八七年）は張騫《ちょうけん》を使者とした使節団を西域に派遣した。張騫は匈奴に捕われるなどして十年以上かけ、西域の大宛・康居を経て、ようやく大月氏国にたどり着いた。その張騫によると、この大月氏国の都は嬀水（オクサス川）の北、ソグディアナにあり、その川の南にある大夏を服属させていたという。大夏とはトハラの転写と思われ、トハラ人もしくはトハーリスターン（トハラ人の土地）

である。その大夏の都は藍市城といい、これがバクトラにあたるといわれる。

又渡一海、千餘里至末盧國、有四千餘戸、濱山海居、草木茂盛、行不見前人。好捕魚鰒、水無深淺、皆沈沒取之。

また、再び千余里ほど航行すると末盧国（糸島）に到着し、船を下りて調べると、この国は四千戸余りで、人々は海峡の両岸で暮らしている。草木がうっそうと茂っていて、道を進んでいても前を歩く人の姿が見えないほどである。海の浅い、深いに関係なく、人々は皆、水中にもぐって上手に魚やアワビを採っている。

■縄文海進と、海の水位の変化

縄文時代の海水面の上昇は「縄文海進《じょうもんかいしん》」と呼ばれ、世界的には、完新世海進、後氷期海進（Holocene glacial retreat）という。

いまから八千四百年前、現在より海面は百メートル以上高かった。

国東半島では、現在の海岸線より五キロメートル奥地に自生植物の生息域が限定されている。熊本県の若園貝塚（玉名）、渡鹿神社貝塚、沼山津貝塚、敷田貝塚などの水位線は、今日の九州の平野部の大部分は海であったことを示している。

青森の三内丸山遺跡は、だいたい海抜百メートルのところにある。あの三内丸山の高矢倉は港の出入り口にあり、船見櫓《ふなみやぐら》であったのである。しかし、海が下降し三内丸山は交易港としての機能を果たせなくなったのだ。ここは港で、中国と交易があったのである。

三内丸山集落は五千八百年前に突然消滅したと言われている。この激変は、おそらく前一六〇〇〇年に起きた大洪水の異変に次ぐものである。前四〇〇〇年頃、列島には広葉樹林が覆っていたが、次第に針葉樹に覆われるようになった。それと共に、海面は次第に下降していったのだ。宇佐神宮のある亀山丘陵も、かつては宇佐嶋という島であった。縄文時代の遺跡は弥生時代の遺跡よりもだいたい五十メートルから百メートル高い山の中腹に位置していることから、海の水位は二十メートル～二十四メートルぐらい下がったが、それでも弥生時代の初期は現在より三メートル～五メートルくらい海が高かった。

末盧国＝糸島のど真ん中に海峡があり、大きな港があった

一世紀～三世紀にはまだ糸島は半島でなく、島であった。

外来の大船団を係留するのに適した入り海があり、今津湾から船越湾まで船が通行できたのである。この糸島水道の中ほどに位置する旧前原に、大港があった。糸山半島全域から見える可也山《かやさん》は糸島半島の西にあり、円錐形の全容から「糸島富士」、「筑紫富士」、「小富士」とも呼ばれている。可也山は、なんと朝鮮半島の伽耶山と読みが同じである。

この山は、壱岐からの船の格好の目印になったであろう。五世紀には土砂に埋もれて船の今津湾への通行が不可能になったと思われる。

最近、福岡県糸島市の潤地頭給《うるうじとうきゅう》遺跡の南から平原《ひらばる》王墓が発見された。奈良の黒塚古墳と様式が同じで、銅鏡四十枚が見つかった。なかでも世界一という巨大な銅鏡が見つかり、二世紀末から三世紀初頭のものと考証されると、にわかに注目された。八弁八葉の形式で、伊勢の内宮の形式と同じ鏡とされる。被葬者が女性であること、王墓級の古墳だったことなど、卑弥呼の墓ではないかと報道され、にわかに盛り上がった。

さらに、ここからは大溝（全長約五十六メートル）が検出され、溝の中から碧玉《へきぎょく》製管玉や水晶製丸玉などが見つかった。これらの原石は山陰地方で産出され、明らかに加工輸出された特産品と考えられる。また、楽浪系土器が集中して出土するのは糸島だけである

図7　外海から可也山を望む

という。鉄の製造所もあり、前原古墳が王墓級の墓であったことを勘案すると、ここにはとてつもなく財力がある王がいて、半島との交易港として栄え、華麗な文化があったと想像される。

＊支登支石墓群は糸島市潤、平原王墓は平原歴史公園に保存されている。伊都国歴史博物館は糸島市井原にある。

この遺溝では、大陸航路に使われたであろう準構造船の一部も発見された。こうしたことは、糸島水道（海峡）を想定しないと理解できない。大船団を係留するのに最も適した港が志登である。唐津湾側からでも博多湾側からでも海の回廊に入ることができ、志登で下船し、物資はここから荷揚げをしたのである。船着き場だったと考える方が適している。よって、ここは壱岐島から最初に到着するところの末盧国である。通説の末盧国の比定地は松浦(呼子)、唐津、鐘崎などがある。いずれの比定地も距離的には近いが、三世紀の大港の遺跡はここにしかない。

＊準構造船とは、丸木舟の両舷に舷側板と呼ばれる横板を取り付けることによって、積載量と耐航性が向上した船のこと。復元すれば、これがまさに一～三世紀の実際の外航船になる。

前原王墓から出た内行花文鏡《ないこうかもんきょう》は世界最大級だった

内行花文鏡は中国から来たものだ。韓国の金海《くめ》国立博物館にも後漢から送られてきた銅鏡が展示されている。銅鏡は日本だけに出土する特殊なものではない。

「金海式甕棺墓」と呼ばれる墓制は、朝鮮の「コマ形土器」から変化した「甕《かめ》」を棺として用いたもので、「金海」に代表される朝鮮西南沿岸地方のものが北九州一帯の墓制とモ

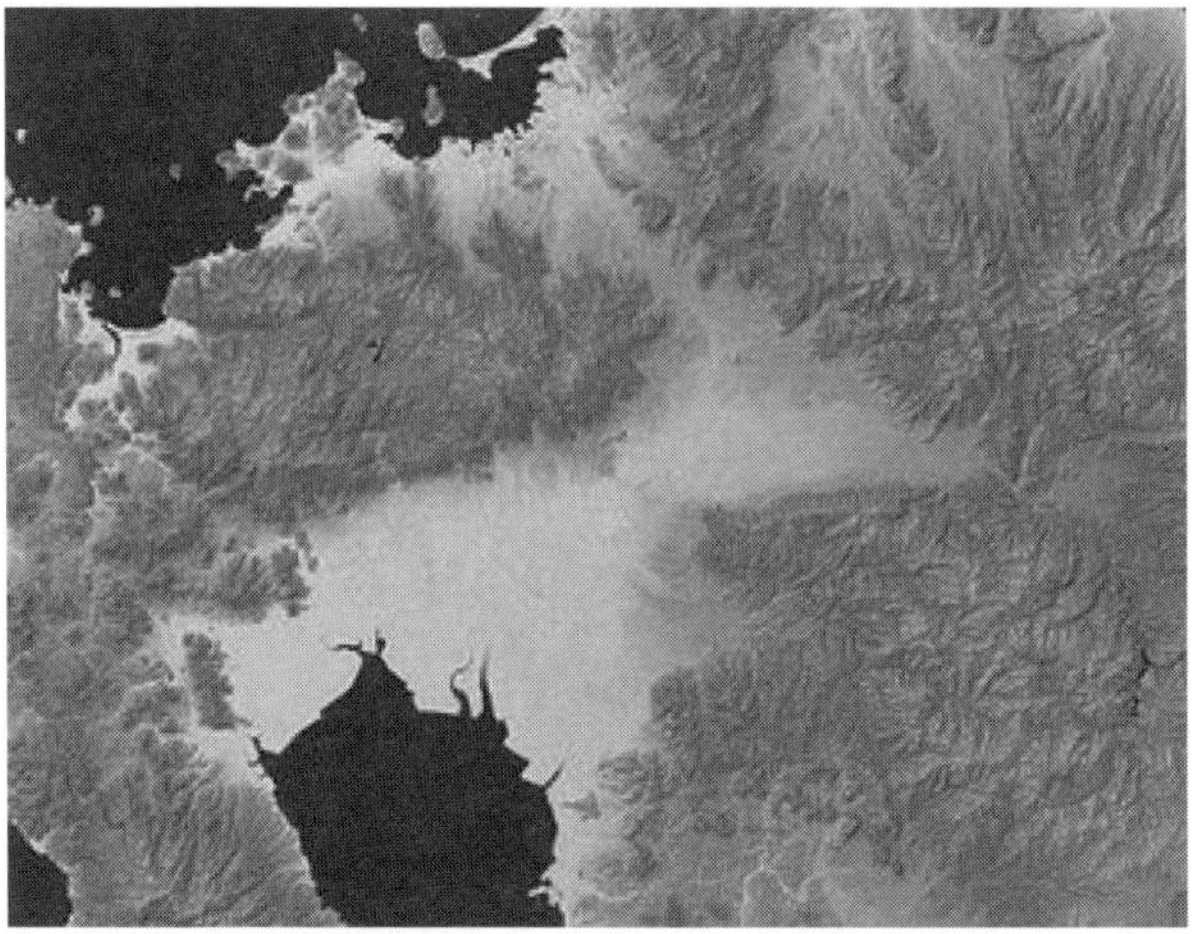

図８　古代の九州の海域（白影が海進部）

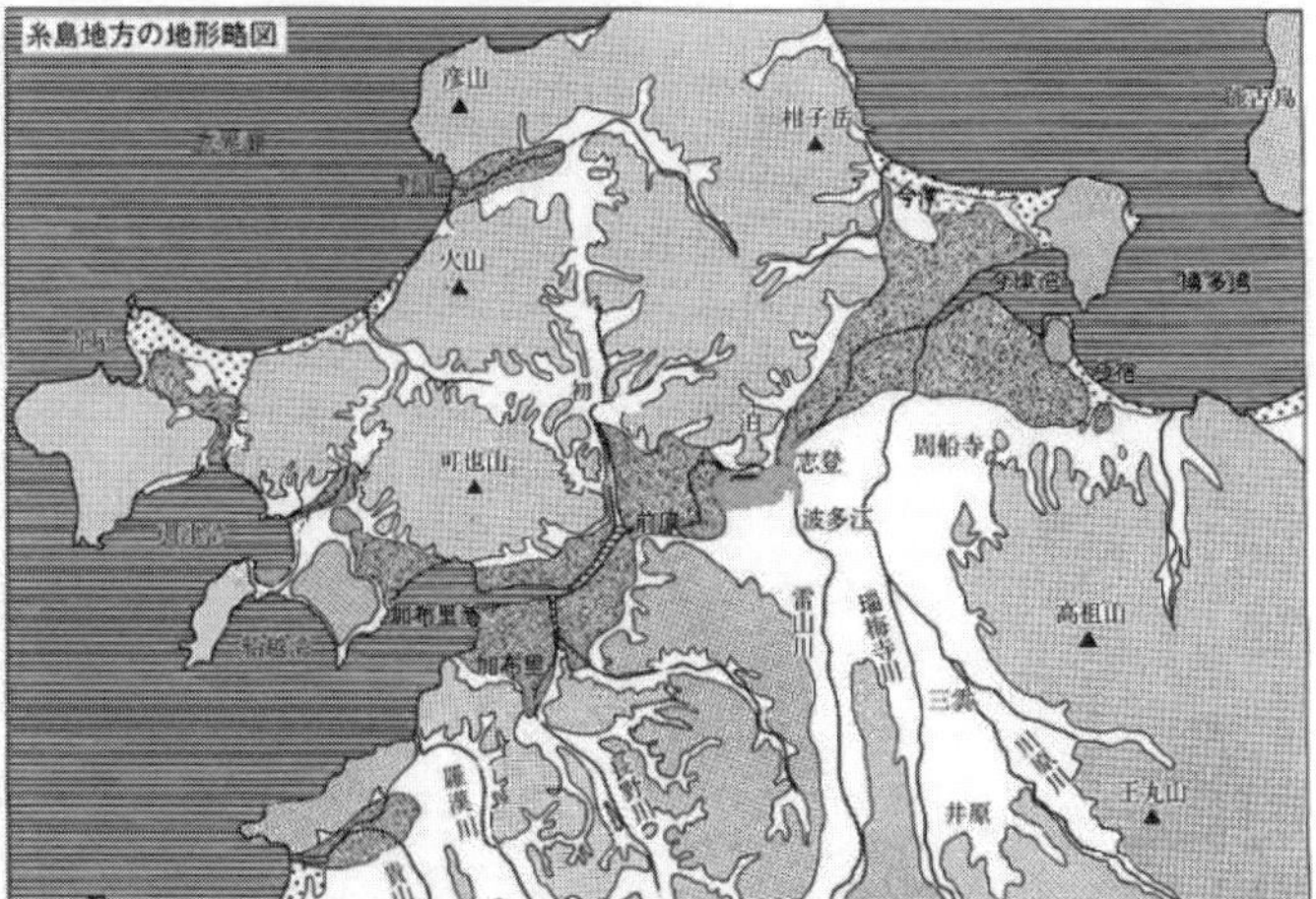

図９　糸島水道

デルが同じである。

糸島には、志登支石墓郡、兜塚古墳など、弥生時代~古墳時代前期の遺跡が豊富である。

後漢書弁辰伝には、一世紀から韓・濊・倭はこぞって弁辰の鉄を買っていたと記される。鉄鋌《てっせん》を溶解する鋳型式の箱型炉の跡が糸島で見つかっている。鍛冶集団が渡来した経緯は、応神紀に韓鍛《からかね》、その名を卓素という者が来朝したとある（五世紀）。

卓素は今の糸島市・旧前原あたりに定住した。卓素がこの糸島の志登周辺で製鉄を始めたのは、ここが天然の港で伽耶の鉄鋌を陸揚げするのに適していたからだ。元岡・桑原遺跡群には五十基ほどの製鉄炉跡がある。四世紀になる前には土砂に埋もれて、交易港としての機能を果たせなくなったのだろう。同時に、製鉄も福岡市西区の元岡遺跡のほうに移ってしまった。

糸島の日向《ひなた》峠は伊都国へ行く通過道、久士布流多気はここだった

糸島郡前原に日向峠《ひなたとうげ》がある。一説では「筑紫《ちくし》の日向《ひなた》の高千穂《たかちほ》の久士布流多気《くしふるたけ》に天降《あまくだ》りましき…略」（古事記上巻）の「久士布流多気」はここであると言われている。ここは、

末盧国で下船して、伊都国へ向かう経路にあった。

前原の南西にある雷山には山城があったと考えられる。福岡県前原市高祖・高祖神社《たかすじんじゃ》は南西の雷山神社が本来の宮であり、こちらはその分社であると考えられている。

城を築いたのは高祖山だろうか、雷山川（前原市の船越湾に注ぐ全長十四・四キロメートル）がほぼ直角に曲がる場所にドルメン、即ち日本語で言えば「支石墓《しせきぼ》」が十基存在している。支石墓は渡来人がこの近辺を拠点にしていた証拠である。

東南陸行五百里、到伊都國、官曰爾支、副曰泄謨觚、柄渠觚。有千餘戸、世有王、皆統屬女王國、郡使往來常所駐。

糸島から徒歩で進むこと五百里で吉野ヶ里《よしのがり》（伊都国）に到着する。官はニキ、副官はヤマカと、ヒャンガガという。千戸余りで、吉野ヶ里には代々世襲の大王がいて、ほかの諸国の王は皆、この大王に服属している。帯方郡からの郡の使者は吉野ヶ里を政庁として往来して政務にあたり、常駐はしていない。

また、糸島から東南にあたる吉野ヶ里（伊都国）に着くが、そこには一大率という役所があり、卑弥呼がニキという官と、ヤマガとヒャンガガという二名の副官を任命している。一大率という役所（政庁）には職務を分けて複数の官が常駐している。これらの役人は卑弥呼の任じた役人で、帯方から来ていたのである。

ここで加えて重要なのは、卑弥呼と君臣関係にある代々世襲の大王（奴国王）がいて、伊都国に王宮を置いているということである。他の小国（三十カ国）の王は、皆この大王に服属している。九州のほか、四国・山陰・山陽・畿内の百余国に皆、大小の王がいたのである。今日的には部族長とか豪族と言った方が分かりやすいだろうか。それらの国々のうち、対馬・末盧国・奴国・不弥国・投馬国・邪馬壹国にはそれぞれ卑弥呼の官が複数おり、それは大率という役所名だったと解釈できる。

ところで、邪馬壹国は規模が大きく、二十一カ国を包し、四人という最多の官がいる。奴国王に服属しているのが三十カ国だけであることを踏まえると、邪馬壹国にも大率が置かれていたと考えるのが至当である。

さらに、郡使とは、魏の群轄である帯方郡治にいる中国人の太守の使者のことで、定期的に往来して伊都国に駐留していた。ここにおいて、三重の権力機関がすべて伊都国に集中していることがわかるのである。

図10　日向峠から可也山を望む

図11　末盧国から伊都国へのルートと日向峠

伊都国は吉野ヶ里、大港が付属していた

現在、吉野ヶ里から六キロメートル東に筑後川が流れている。だが、川面が高かった二、三世紀ごろは、吉野ヶ里は筑後川に隣接していただろう。筑後川は川というより大きな入り江だったのだ。吉野ヶ里には埠頭があり、船で物資を運搬できた。天草灘、早草瀬戸を通過、島原湾から有明海を北上し、筑後川を上ると、吉野ヶ里の港に着く。吉野ヶ里にも洛陽と直接つながる航路があったのだ。倭人伝のA官吏は、糸島前原から峠越えして陸路で吉野ヶ里に到着しているが、伊都国に先に行こうと思えば海路で直行できたわけである（図11）。

伊都国には紀元前一世紀ごろから環濠と城柵があって、軍事と民政を行っていた。帯方郡の官がおり、加えて卑弥呼がここに一大率という機関をおいて、諸国を検察していた。奴国王もここを宮所にしていた。人工的な政庁として発展したので、帯方郡の官吏が通わなくなると急速に衰退した。高句麗の第十五代の王、美川王《びせんおう》（在位：三〇〇年—三三一年諱《いみな》は乙弗）は、三〇二年玄菟郡、三一一年遼東郡の西安平、三一三年楽浪郡に侵入して

これを滅ぼし、翌三一四年には帯方郡を滅ぼした。よって、四世紀初頭には吉野ヶ里は放棄され、ゴーストタウンになったと思われる。

伊都国が為政の本拠地だった

①後漢の時は公孫燕、その後、卑弥呼の帯方郡の官吏三人が常駐する。
②中国の郡使が往来してくる（年に一～二回ぐらいか?）。
③奴国王（卑弥呼に従属し、三十諸国は奴王を共立している）
①＋②＋③＝政務を行う機関がすべて伊都国にそろっている。

■伊都国には中国の弩弓《どきゅう》があった

秦の始皇帝の兵馬俑抗《へいばようこう》から発掘された弓（弩機）は木の弓で、張力を増すために弓鞘に革ひもを捲き、その上に赤漆がかけてあった。この弓を伊都之竹鞆《いとのたけとも》といった。伊都之尾羽《いとのおは》張《ばり》というと、中国の刀剣のこと。伊都之竹鞆と伊都尾羽張で矢と剣、セットになる。伊都之竹鞆は、日本書紀では稜威之高鞆《いつのたかとも》と記される。稜威《いつ》は伊都《いつ》と同じで、伊都は、伊斗、怡土など、いくつかの文字がある。

当然、伊都国にこの弩弓は集中していた。〝伊都の〟といえば、中国から運ばれた舶来品という意味だったのだろう。ゆえに、伊都国は中国の間接為政地であり、軍事施設でもあったと推測できるのである。

伊都国は城郭のある中国式の要塞だった

吉野ヶ里遺跡には外壕と内壕の二重の環濠があり、V字型に深く掘られた総延長約二・五キロメートルの外壕が囲んでいる範囲は約四十ヘクタールにもなる。壕の内外には木柵、土塁、逆茂木《さかもぎ》といった、敵の侵入を防ぐ柵が施されていた。また、見張りや威嚇のための物見櫓が環濠内に複数置かれていた。大きな外壕の中に内壕が二つあり、その中に建物がまとまって建てられている。北の集落は北内郭、南の集落は南内郭と命名されている。これは、中国式の平城《ひらじろ》の型式である。城壁がレンガ造りでなく木材だったくらいの違いであろう。大規模な柵囲いは、ほかの環濠遺跡には見られない特徴である。

図12　吉野ヶ里遺跡

■犬の使い方は中国式

吉野ヶ里では、珍しいことになぜか犬の骨が多数発見された。これを見て、考古学者は犬を食べていたのだろうと推測した。伊都国には、勅使が往来していたと魏志に記録されるので、中国の官吏だろう。彼らには犬食文化があったので、犬をタンパク源にしたことは十分考えられる。犬食は中国人・朝鮮族の食文化であるからだ。また、中国人なら城壁で囲った平城《ひらじろ》の中に住民も生活する型式を造る。

犬食のほか、犬の嗅覚の鋭さを利用して敵の接近を探知していたのではないかという見方がある。きわめて実用的な使われ方であり、十分説得力もある。しかし、それでは、なぜ犬が人間と一緒に墓に埋められているのか分からない。もっと不思議な使われ方をしていたらしいのである。呪術のいけにえである。古代中国では、犬のしかばねを城門に磔にすることによって邪気を防いだり、犬を地下に埋めて定礎の守りとするといった犬牲《けんせい》、いわゆる魔除けが行われていたのである。

殷の遺跡からは、ときに武人と犬の骨が陵墓から同時に発見されたり、また、家の下からそっくり出てくることがある。古代では、犬は供犠にあてがわれた動物だったのである。驚くことに、「家」と言う文字は、うかんむりに犬という字を組み合わせて作られている。これは、家を建てるときに、犬を儀牲にすることが広範に行われていたことを示唆している。

東南至奴國百里、官曰兕馬觚、副曰卑奴母離、有二萬餘戸。
再び、東南に百里進むと、朝倉市甘木《あまぎ》（奴国）に着く。官はジマカ、副官はホミである。人々は二万戸余りである。

奴国は肥沃な朝倉市甘木にあった

奴国は、奴を彌と置き換えることができる。もともと委面が元字であることから、委面《うえみい》の音から推測すると、奴国を日本側で呼んでいた国名は「宇《う》彌《み》國《こく》」（天下があまねく久しい国の意）だったのではないかと思われる。

朝倉市は、くじゅう連山の裾野と朝倉山塊に挟まれ、その間を筑後川が流れる。地理的に久留米からうきは市にかけての山沿いには縄文時代の集落と弥生時代の集落が重層している。縄文時代から住みやすい地形にあり、古来豊かな自然に恵まれた穀倉地帯であった。

倭人伝では二万戸と記され、三十万人の人口を擁する大国だった。

奴国は縄文時代、紀元前七世紀ごろから大きな国であったのである。

■月支国王は共立王だが、どこの国が大王に立っていたのか

『魏志韓伝（馬韓）』では、

「臣智或加、優呼臣雲遣支、報安邪踧支、濆臣離兒不例拘邪秦支、廉之號其官有、魏率善邑君、歸義侯、中郎将、都尉、伯長」

臣智あるいは加（王のこと）は、優呼臣雲遣支、報安邪踧支、濆臣離兒不例拘邪秦支の号を加えることもある。その（中国側の与えた）官名を箇条書きにすると、その官は、魏率善邑君、帰義侯、中郎将、都尉、伯長である。

ここでは、三人の臣智として登場する三名の官名が出る。大者（大人・加・于と同じ）が自称臣智であるので、ここでの臣智は渠帥と同じであろう。月支国に宮を移して統治していたのは三国の王で、交代で王権を執行していたか、三国が共同で辰国の王に擁立されていたことになる。

1. 優呼臣雲遣支＝弁辰韓優由国（優由国…慶尚北道蔚珍郡）
2. 報安邪踧支＝弁韓安邪国（弁韓安羅國…慶尚南道威安）
3. 濆臣離兒不例拘邪秦支＝弁韓狗邪国（金官加羅国…慶尚南道金海）

以上の三国に比定した。なんと、弁辰（新羅）から一国、弁韓（加羅）から二国出ている。月支国は韓土の益山あたりにあったが、馬韓伝では、「馬韓からしか王がたてられなかった」とあるが、月支国が伯済に占有された後は、この三国が三韓を統治していたのだろう。

◆弁辰には十二国

1．已柢国　2．不斯国　3．勤耆国　4．難彌離彌凍国（推封）　5．冉奚国　6．弁樂奴国　7．軍彌国〈弁軍彌国〉　8．如湛国　9．戸路国　10．州鮮国（馬延国）　11．斯盧国　12．優由国とされる。

＊右のうち、斯盧国《サロ》が後の新羅に発展する。『新羅は朝服は白を尊び、山神の祭りを好む。』

◆弁韓の十二国

1．弁辰接塗國　2．勤者國　3．弁辰古資彌凍國（古嵯国）　4．弁辰古淳是國（乞湌国）　5．弁辰半路國（大伽耶国）　6．弁辰樂奴國　7．弁辰彌烏邪馬國（卓淳国）　8．弁辰甘路國　9．弁辰狗邪國（金官加羅国）　10．弁辰走漕馬國（卒麻国）　11．弁辰瀆盧國（釜山）　12．弁辰安邪国（安羅国）

甘木歴史資料館に行ってみると、甕棺とその出土した遺跡が分類され、細かく展示されている。環濠集落、平塚川添《ひらつかかわぞえ》遺跡は弥生中期から古墳時代までの環濠集落と判明している。環濠集落としては日本で三番目の規模の大きさである。ここから日本初の馬具が出ていることから、農耕や運搬に馬が重要な仕事をしていた様子がうかがえる。

JR九州鹿児島本線、基山駅から甘木鉄道に乗り、その終着駅が甘木駅である。駅が近づくにつれて山が迫ってくる。南側は山々で、ここはほんとうに筑紫平野の〝どんづまり〟のような感じである。まさに終着駅である。ここは鉄器の一大集積地で、また、農耕器具ばかりでなく鉄製の兵器などを運んできた、いわゆる鉄の回廊の終着点だった。

この地には大神山《おおみわさん》があり、この山の麓、朝倉郡三輪町弥永《いやなが》に大神が鎮座する大己貴神社《おおむなちじんじゃ》がある。ここ朝倉郡の三輪町では、「おおみわさん」と呼んでいる。宇佐神宮にも大元神《おおみわ》社を仰ぐ遥拝所が本殿の向かい側にあり、御許山《おもとさん》を正面に拝むことができる。

それらは、奈良の大神神社とまったく同じ古式である。蝦夷の兵が大神神社を去るとき深く礼拝して帰還したことでも、聖王の社だったのだ。神主は大神氏で、綿津見大神＝大山咋神の直系子孫であろうか。住吉大社で、底津綿津見・中津綿津見・上津綿津見の三柱をたてるのは、月支国の王位に就いた国が三国であったからであろうか。宗像三女神も同

図13　甘木駅の風景

様に三柱の宮所《みやどころ》を当てる。三柱《みはしら》鳥居が宇佐神宮の三殿と同じような形式であるのは、ここから来たのであろう。

六五五年に皇極天皇が重祚《ちょうそ》し、斉明天皇として即位した、この女皇、故国の百済の危機に軍をおこし、自ら乗船して援軍に向かう。急いで駿河湾で軍船を整え、伊予の熟田津《にぎたつ》に一時停泊し、石湯行宮《いわゆのかりみや》に寄り道し、しばらくして博多に到着し、福岡市の三宅にある磐瀬《いわせの》行宮《かりみや》に移り、さらに朝倉郡の朝倉橘広《あさくらのたちばなのひろ》庭宮《にわのみや》に入る。ここに遷宮して、いよいよ半島に出兵しようというとき、ここ朝倉郡朝倉町山田で没した。

ここは九州を縦横の古道がクロスする臍のような中心地であり、兵が結集する軍事基地でもあったようである。

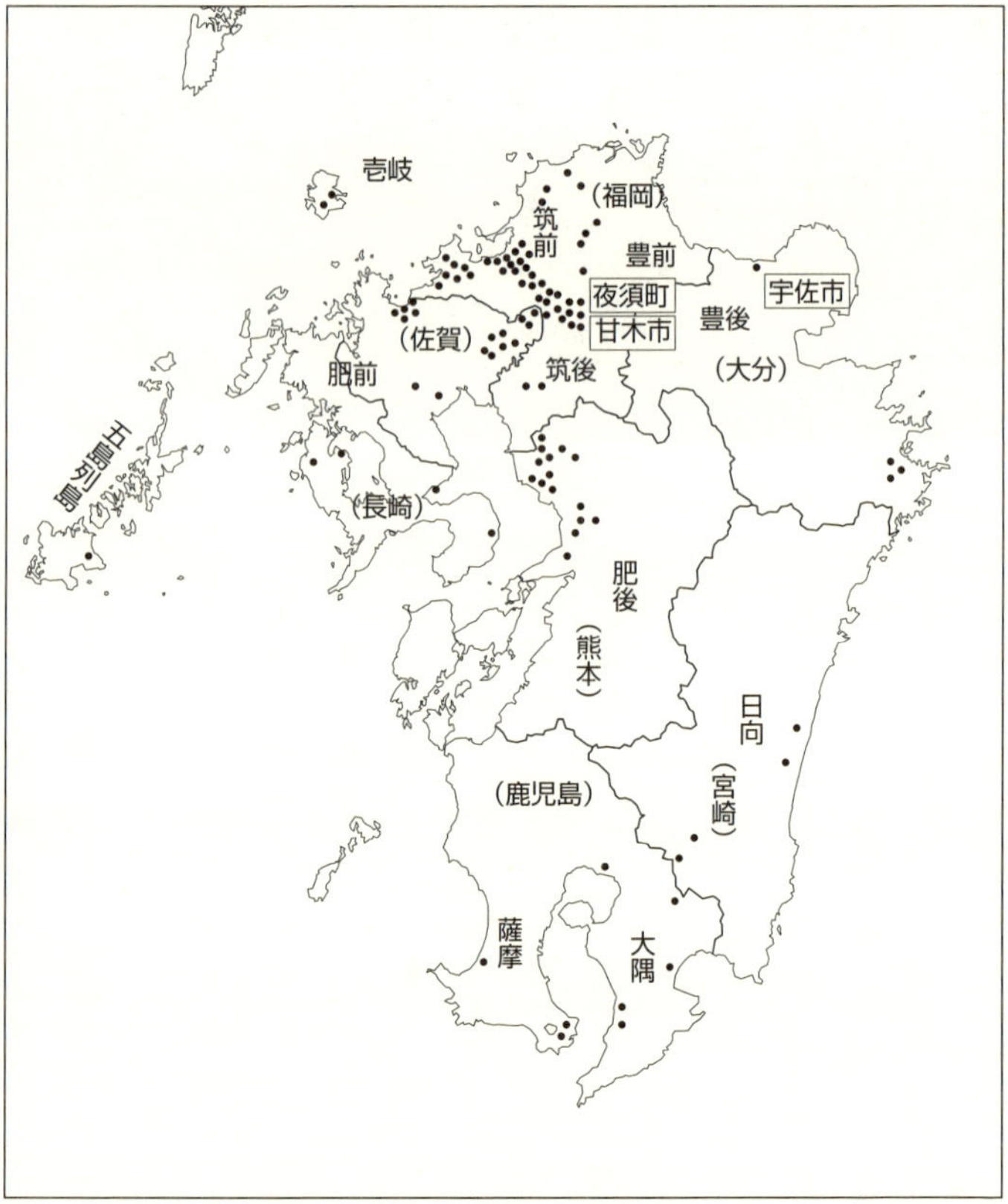

図14　鉄器出土分布図

奴国を冊じた時の金印は海の底に眠っていたままだった

『後漢書』「巻八五　列傳巻七五　東夷傳」
「建武中元二年、倭奴国、貢を奉じて朝賀す、使人自ら大夫と称す、倭国の極南の堺なり、光武、印綬を以て賜う」

中元二年とは建武中元二年、五七年である。光武帝が奴国に金印を与えたという記事である。

後漢書の成立は四三二年とされ、編者・范曄がいろいろ工夫をこらして改変したので、時代の違う典籍引用を合作してしまう誤りを犯している。大夫と称したのは、会稽《かいけい》と帯方の倭人である。そして、「倭奴国」は「委奴国」に戻さないと矛盾が生じる。金印の銘文は「委奴国王」だったからだ。范曄は倭国と委奴国を混同したのだ。

さて、その光武帝が奴国からの朝賀使に賜った金印が志賀島《しかのしま》で発見された。

天明四年（一七八四年）二月二十三日、筑前の国那珂郡志賀島のある農民から黒田藩に届け出があった。この農民の名は甚平衛といい、耕していた田畑を耕していたところ大きな石にぶつかった。甚平衛の作人であった英治、喜平の二人が大石を二人がかりで持ち上

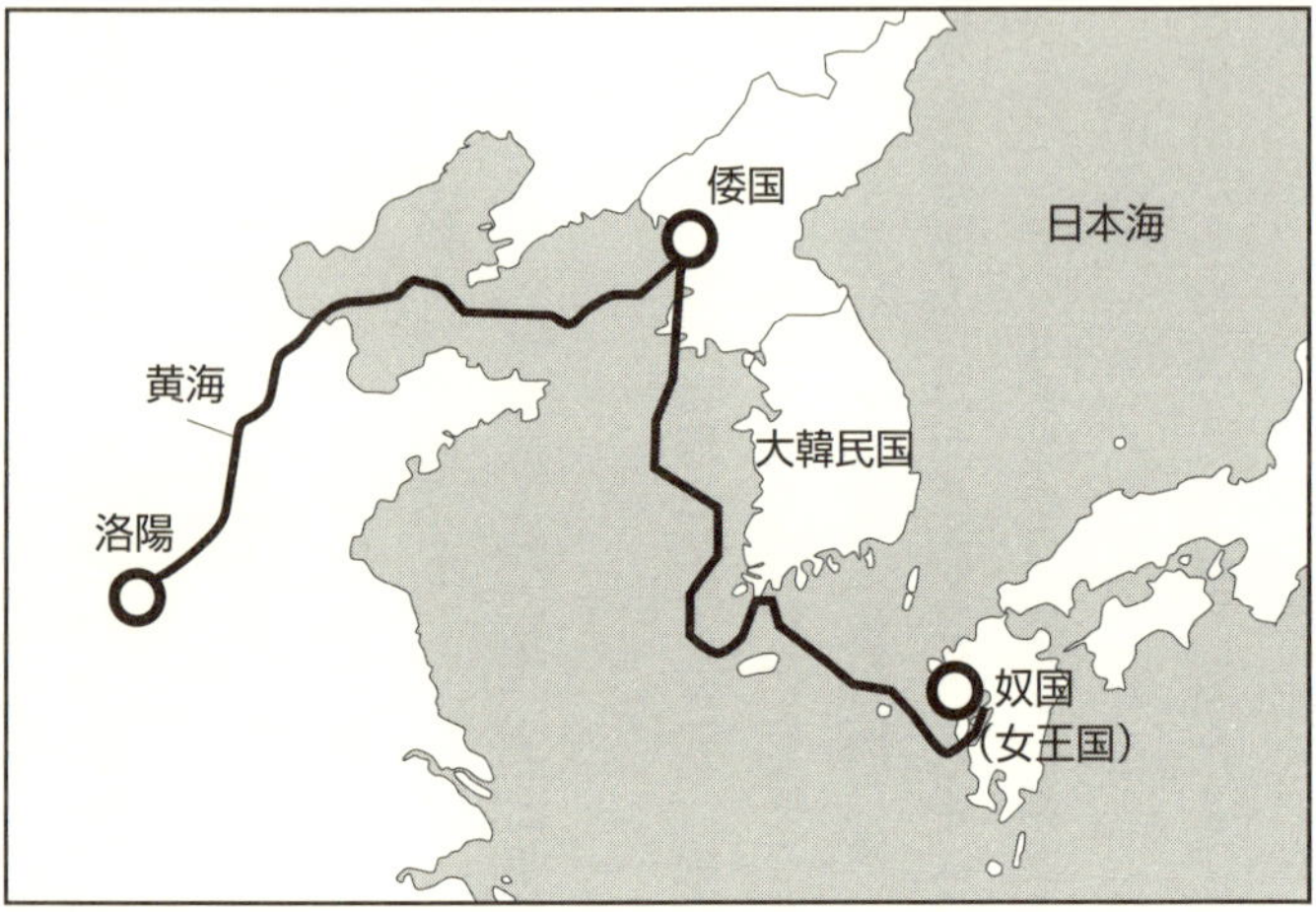

図15　金印航路図版　金印航路　洛陽から船で黄河を下り糸島に直行できる

図17　金印（漢／委奴／国王）

図16　金印は蛇鈕（蛇のつまみ）

げると、その下から金印が見つかった。見つかった場所は海べりの畑であった。その場所は現在、海岸沿いの県道５４２号線の道路脇である。千九百五十余年前、その場所は海底であった。なんと、金印は海に落ちたあと、そのままずっと海中に眠っていたのである。当時の海面水位の状態を調べれば、すぐに気づくことなのだが……。金印を乗せた船は博多湾で難破、志賀島で座礁し沈没、そのまま金印は海の中に落ちた。金印は奴国王の手元には届かなかったのだろうか。この金印は「奴国」に光武帝が叙綬したものであることは確かだろう。しかし、金印は皇帝が詔した一年後ぐらいの間に鋳造されて、後から贈られてくるものなのである。金印をもらったら貢献は毎年行う慣例だが、奴国（日本）がその後三五六年、朝賀・貢献した記録が一切ない。ところが、倭国の朝貢は記録にあるのである。この矛盾も范曄の誤解を踏まえると理解できるのである。

銅鐸の消滅は景初二年の暦法の変更が原因だった

「史記」の天官書では、天極星を「天帝」、神の常居（中宮）とする。屈曲した四つの星を、正妃、後宮の妃、周辺の十二星を藩臣とし、「紫宮」または「紫微宮」とした。北方が紫とされ、最貴の方位、最高の色とする。漢の武帝は北極星を太一神、すなわち最も尊い神として崇拝した。道教の天空観は、最高の天の支配を北辰、北斗に置き、地上の皇帝をその支配と同一に見ていた。地上の暦は皇帝が統べるのである。また、天の異変は、地上の異変のまえぶれとみなしていたのである。それゆえに、彗星などが現れると世の中の乱れる凶兆として受け止めたのである。そこで、天文学は天帝の政《まつりごと》の重要な礎であった。

紀元前一〇四年、前漢の武帝は改暦を行い、太初暦が作られていた。

暦法は中国では次のように変遷している。

古六暦《こりくれき》　紀元前一〇五〇年～紀元前一〇四年
太初暦　紀元前一〇四年～八五年
四分暦　八五年～二二〇年（後漢の章帝の元和二年）
景初暦　二三七年～四四四年（明帝の景初二年）

確認できることは、卑弥呼が明帝に冊封されたのは景初二年（二三八年）親魏倭王・卑弥呼帯方太守除授、中国ではその前年に四分暦が景初暦になっていた。冊封国は当然改暦しなければならない。結果、女王国に服属する国は景初暦を受け入れなければならなくなった。

奴国は初め純粋太陰暦とも言われる四分暦を採用していた。一年を三百六十五日＋（一÷四）だから古四分暦と言われる。殷・周時代以来のものである。殷暦では冬至の一ヵ月後（つまり夏暦の十二月）、周暦では冬至の月（夏暦の十一月）を正月とし、その正月は皇帝が交替するごとに変更されていた。皇帝が即位した月が正月に改まるのである。

朔望月＝二九・五三〇五八九日（新月から新月）で、小数点以下がカレンダーには重要なのである。

陰暦のカレンダーでは月を二十九日にしているので、余り〇・五三〇八一五日を三年に一度、閏月を足して調整する。三年に一度、十三カ月という年をつくっていたのである。これは、純粋太陰暦にそったやり方だった。景初暦は精度があがったために、一年は三六五・二四六八八、旧太陰暦の一年は三五四・三六七〇七日だった。景初暦では十九年間で七閏月と変更になった。

「蛮夷の従属国が独自の暦を持つことは、皇帝にとって謀反に等しい」

二三八年、卑弥呼が魏に従属したのを契機に、倭国は景初暦を突然使うことになった。驚くべきことに、銅鐸は陰暦換算のできる小型天文計測器だった。

弥生後期に最も盛んに作られた銅鐸が、三世紀半ばに突然消滅したのである。暦法が変わったからといって全く実用性がなくなるわけではないはずだが、なぜ銅鐸は廃棄されたのだろうか。

おそらく、女王国に禁止を発令したのは卑弥呼であろう。奴国王は、諸国と相談して銅鐸を女王の支配が及んでいない島根県、四国、近畿地方に隠すことにした。銅鐸はあまりにも貴重品だったからだ。島根県の荒神谷遺跡《こうじんだにいせき》、加茂岩倉遺跡《かもいわくらいせき》で発見当時の現場では、銅鐸や銅矛が整然と埋められていた。きれいに互い違いに並べてあったり、入れ子にしてあったり、これこそが謎であった。あたかも引っ越しのプロが仕事をしたとしか思えないほどだ。

卑弥呼からやがて銅鏡が送られてきた。これで勘弁してほしいということであろうか。開けてみると、銅鏡には二十九列の線刻がなかった。人々は、太陽の神が月の神を殺したと噂した。

＊銅矛は銅鐸の補助ツールだ。銅矛のカーブは日と月の鈕《ちゅう》内縁の線刻に合致させる役割

を持っている。銅鐸の大きさに合わせて鋳造されていた。この銅矛の剣先を太陽の南中点に向けると、その角度を銅鐸の鈕の目盛りで測り、月と日付を知ることができた。さらに、閏月にも対応するため、菱環十二＋《プラス》十二と、内縁十三と合計三十七カ月分の目盛りを刻んである勝れものである。銅鐸と銅矛はペアで、一組の日時計だった。

ちなみに、夏至のときの太陽の南中高度（度）＝九〇－《マイナス》（その場所の緯度）＋《プラス》二三・四、冬至のときの太陽の南中高度（度）＝九〇－《マイナス》（その場所の緯度）－《マイナス》二三・四。

それ以外のときには、太陽が北寄りに位置しているのか、南寄りに位置しているのかを示す「視赤緯」の値が計算に必要となり、太陽の南中高度（度）＝九〇－《マイナス》（その場所の緯度）＋《プラス》（太陽の視赤緯）の式で計算される。銅鐸の鈕《ちゅう》にある左右二つの双耳は春分の南中高度と秋分の南中高度の角度にぴったり刻まれている。九十度からこの春分の南中高度を引けば、観測点の緯度が決まるのである。

そうしたわけで、銅鐸は一度設定された場所から移動はできないのである。発見された銅鐸の春分の太陽高度を刻んだ目印を一点一点測れば、その銅鐸があった場所が分かる。島根県と福岡県では二度余り緯度が異なる。その刻みが五四・五度より大きければ、島根県で使われておらず、より南で使われていたことが分かるはずである。

鈕の裏側の内縁に七つの半円の渦巻き文様があり、これは一世紀にすでに日本列島内で曜日が観測されていたことを示す（図18）。市が土曜日に立つとか、奴国の人は何月何日何曜日まで知って生活をしていた。ただ、銅鐸は祭器に使われた形跡もあり、そうした模造品（コピー）もたくさんある。それらは線刻がなかったり、線刻の数が合わないものも多数ある。装飾品になるほど人気があったということだろう。

東行至不彌國百里、官曰多模、副曰卑奴母離、有千餘家。
再び東に百里、歩行すると日田市（不彌国《ふみこく》）に着く。官はタマ、副官はヒナモリという。一千ほどの家がある。

＊ここまでの国々の副は何故か皆ヒナモリで同じ名前である。みな同じ名前だとは考えにくい。これは一体何故だろう。なんらかの嫌みな別称なのだろうか。

図18　銅鐸の鈕内縁に七つの渦巻き文様
台に二つの穴があるので銅矛は２本対で使われた！

図19　銅剣は左２本、銅矛は右側の３本

不彌国は日田市、筑後川ルートだった

不彌国を大分県北西部に位置する日田市に比定する理由は、朝倉市甘木から東百里という、ちょうどほどよい距離だからである。吉野ヶ里から甘木、そして甘木から日田市がほぼ同じ距離である。甘木から扇を広げると、両端が吉野ヶ里と日田市になる。遺跡群がびっくりするぐらい多く、縄文・弥生・古墳時代にかけて、三百以上もある。不彌国より先は方向と距離が省略されている。山道になって、道が険しく道程が書けなかったのだという。この地勢を考えると、筑後川の上流に向かう東方向しかありえない。

奴国より北の末盧国と伊都国は戸数や距離を書くことができたが、その他の国は遠くて険しく、戸数や距離を調べることができなかった。それは、不彌国から先は、東海岸の宇佐・大分までは山に入るからである。邪馬壹国と他の二十カ国は、いずれの国も峠越えしたあとに開ける国々だからである。不彌国までは奴国の領域だが、その先の玖珠郡玖珠町と九重町は豊国の領域、即ち邪馬壹国（宇佐）の所領になっていた。日田市はまだ筑後川上流といっても平野部の端という感じだが、そこから玖珠郡玖珠町へ向けて発つと、とたんに山道になる。玖珠町は、①宇佐②大分③阿蘇山④日田市へと分岐する交通の要所であ

る。その先、湯布院を過ぎると、邪馬壹国と、その所領にある斯馬国が開けてくる。それらの国邑は、宇佐を中心に半径九十キロメートル以内に集中している。その中でも、国東半島の六郷に二十一カ国のうちの鬼国がある。国東は宇佐神宮の社領であった。不彌国は馬韓の五十四国の中に完全一致する国名がある。何かつながりがあるのだろうか。

投馬《とうま》国は宮崎市、太平洋航路が使われていた

> **南至投馬國、水行二十日、官曰彌彌、副曰彌彌那利、可五萬餘戸。**
> 帯方から南に航行して二十日ほどで、九州東岸にある宮崎（投馬《とうま》国）に着く。官はミミ、副官はミミナリ。およそ五万戸余りであろう。

この一項は、帯方から投馬《とうま》国への航路を単独で挿入している。

さて、この航路は対馬海峡を渡らない。黄海から東シナ海まで南下して東に転じて鹿児島沖を通過、日向灘を北上して宮崎（九州東岸）までの航路である。

はたして二十日で到達できるだろうか。

琉球の進貢船を例にとると、その速力は四〜十ノット（約七・四キロメートル／h〜十八・五キロメートル／h）であったと考えられている。

櫂と帆を持つ大型ジャンク船では、海流と風に乗れば最大二十ノット出せるという。

仮に最低の平均速力四ノットを想定して一日あたり十六時間走行したとすると、約百十八・五キロメートルである。二十日で二千三百七十キロメートル進むことができる。
＊一ノット＝一・八五二キロメートル／h

A官吏は投馬国へ宇佐から出発し、日向灘を航行し投馬国へ行った

宇佐⟶佐田《さだ》岬沖（五十一キロメートル）
佐田岬沖（三崎灘）⟶宮崎市（百九十六キロメートル）
宮崎市⟶鹿児島市（二百六十五キロメートル）

使節史は投馬国に行っている。なぜなら、ここにも正副二人の官吏がいたということと、

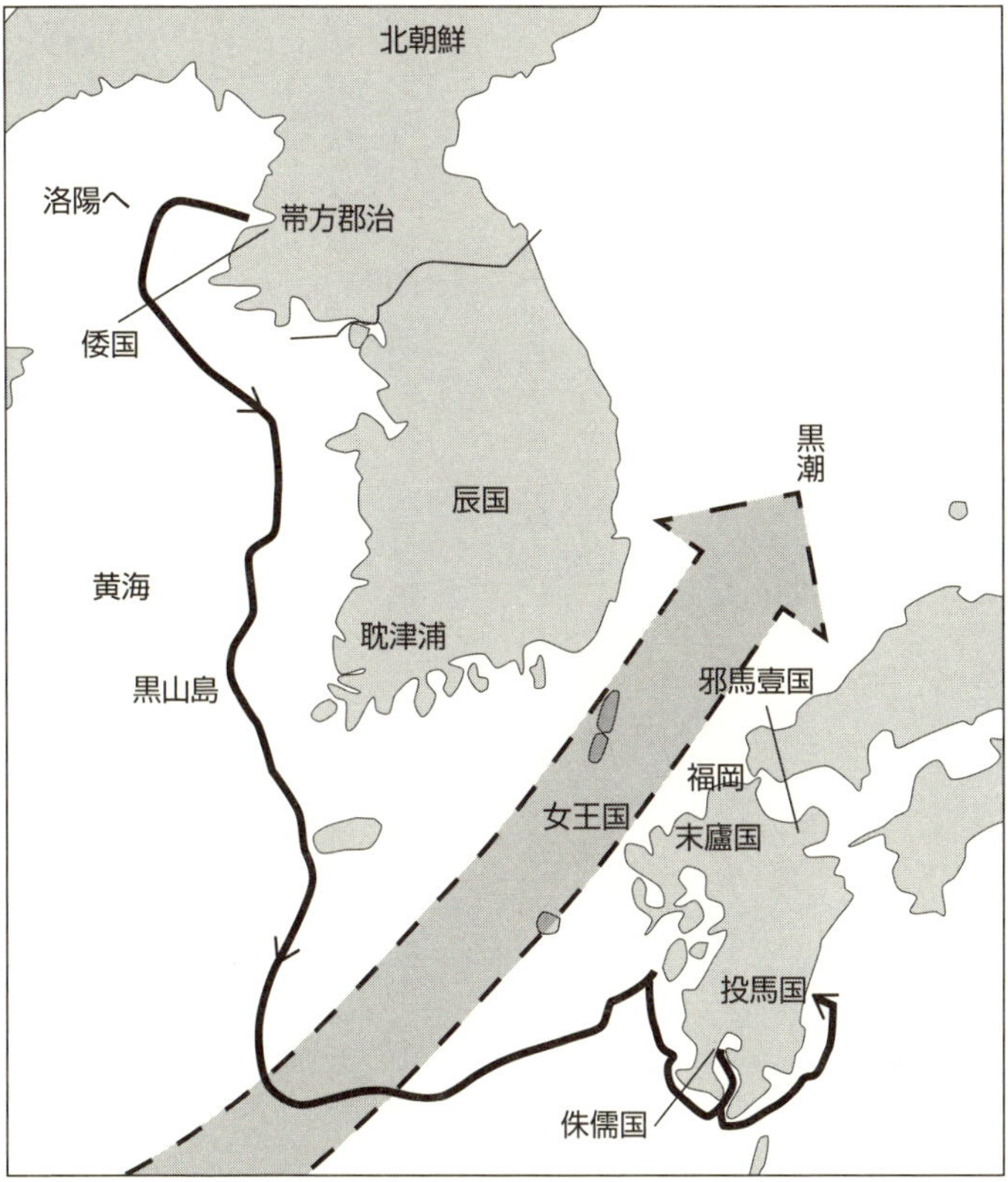

図20　投馬国ルート

戸数五万戸とあり、A官吏はここを調査しているからだ。さて、「南至投馬國、水行二十日、官曰彌彌、副曰彌彌那利、可五萬餘戸」とあり、投馬国へは陸行はない。いったい、どのようにして投馬国へ行ったのか？　それは、太平洋ルート（水行二十日）を逆に使った帰還ルートにしているからだ（図21）。

西都原古墳群は宮崎県のほぼ中央に位置する日本最大級の古墳群である。

邪馬壹国が七万戸、奴国が二万戸、投馬国は五万戸で、ここは女王国第二位の人口を擁する大国である。

標高七十メートル程度の洪積層の丘陵上に形成されているが、三世紀にはより海辺に近かったはずである。魏志倭人伝のA官吏がここを訪問したのは二四八年～二五四年であろう。三世紀半ば、五万戸、人口にして七十五万人の大都市であったのだ。

ここは、高塚墳三百十一基が現存する一大古墳群を有する。三世紀前半から七世紀前半に築造されたと推定されており、比較的長期にわたって古墳づくりが行われていた。

これほど大規模な古墳群を建造できる権力が、かつてこの地に存在した。

西都原の古墳群のなかにある雄狭穂塚《おさほづか》と雌狭穂塚《めさほづか》は、瓊瓊芸命《ニニギノミコト》と木花佐久夜姫の御陵と伝えられている。八幡神＝応神天皇と二柱の相神として祀られるのが木花佐久夜姫である。雄狭穂塚は全長百九十メートル、雌狭穂塚は百七十メートルで、どちらも大きく、実に立派である。現在は参考御陵ということになっているが、明治維新以来、鹿児島の政治力に負けて、正式の御陵はみんな鹿児島にとられてしまったらしい……。

宮崎県はさまざまな神話があるところだが、なんといっても『海彦山彦伝説』は宮崎で生まれたのだと地元では信じられている。山幸彦は天孫・火遠理命《ホオリノミコト》で、海神《わだつみ》の娘である倭人・豊玉姫と結ばれる。

宮崎市と日南市の中間あたりに、日南市大字鵜戸神社がある。鵜戸神社は鵜茅草葺不合尊《ウガヤフキアエズノミコト》を主神とするが、豊玉姫の御子であるとされる。鵜戸神社は、太平洋に面した海食洞窟のなかに社殿がある不思議な神社である。鵜戸の窟《いわや》の神様と地元では言われる。出産までに間に合わなかった鵜の羽と茅草で作られた産屋は、この海辺に造られたのだ、と言い伝えられる。地元では、しゃんしゃん馬が有名で、新婚の夫婦が婚礼の式場から連れ立って鵜戸神社へ参詣に行く慣わしがあった。

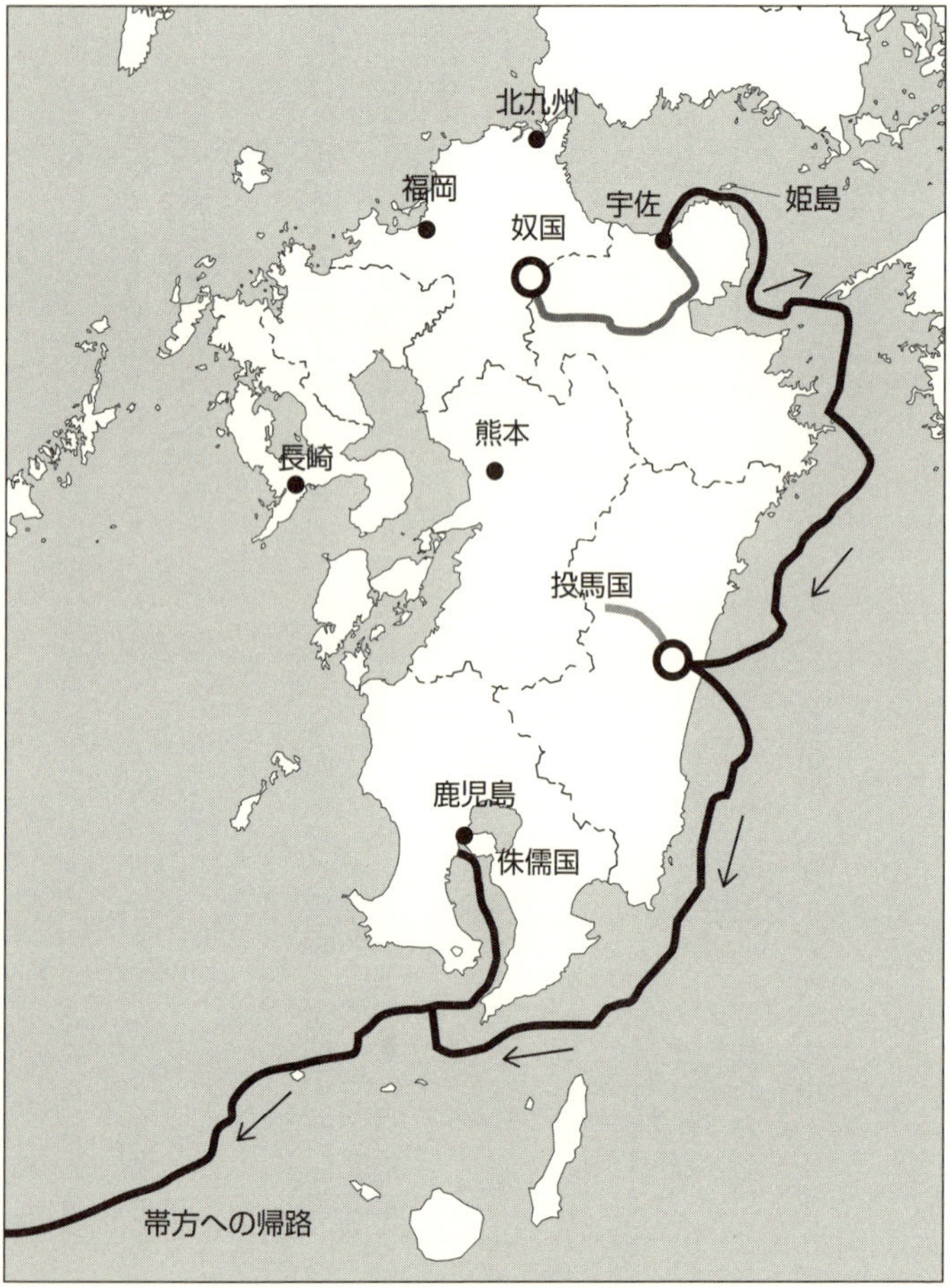

図21　A官吏の奴国―投馬国ルート

宮崎市青島の青島神社は彦火火出見命と豊玉姫、塩筒大神（塩椎神＝塩土老翁＝猿田彦）を祀る。九州で純粋に祀られている国生みの邇邇芸命とその正妃の伝説が海彦山彦伝承の基であることを雄弁に物語る。

こうしてみると、西都原の王族たちは豊玉彦という大王に仕えていた渡米人たちだろう。神話では、豊玉彦命は海神《わだつみ》（海積）であり、またの別名を大歳神、塩土老翁、大綿津見神、大山咋神、綿津見大神、倭大国魂神、猿田彦大神とも称される。これらの神名はみな国つ神で「三諸山の上に坐《いま》す神」のことである。

■A管史は宮崎県のどこの港に寄ったのか

美々津は、神武東征時にここから船出したということで有名だ。

美々川の河口には、数百隻の大御軍船《みいくさぶね》が準備された。船出に適した〝なぎ〟を待っていたが、なかなかその日が来ない。八月のある夜、星もまだ見える明け方に急に海がなぎになった。「起きよ、起きよ」の知らせに、ぞくぞくと兵は乗船を開始した。村人は用意していた米粉のあずきを、皮とあんこを包む暇もなくやむなくいっしょにつきこんで間に合わせた。これが、美々津の「つき入れもち」とか「お船出しだんご」と呼ばれる名産のはじまりである。美々津港には、八重《はえ》と黒瀬《くろせ》という小さな岩礁があるが、軍船《いくさぶね》はこの二つの岩の間を通って沖へ出たという。伝承では「七つばえ島」と「一つ神島」という。船団は、この二つの岩礁の間を通って出帆し、一路、宇佐へ向かった。そして二度と再び日向の地には戻ることはなかった。すなわち、「この間を通って、日向の大王《おおきみ》は再び帰らなかった」という故事が受け継がれた。今も、この地の漁師はこの八重と黒瀬の間を決して通らない。縁起が悪いというのだ。

私見では、神武東征のストーリーは高句麗第三代王、大武神王（無恤《ムヒュル》・四〜四四年）の物語とよく似ている（次刊で詳述する）。ここで美々津港を投馬国の港の有力地にしたのは、日本書紀に書かれている古代の大港として認めることができるからだ。

■西都原古墳で出土した船型埴輪は外洋船

神武東征時の船は、左右十二個のオールを持つ高速帆船で、乗船したのは二十人ほど。船首、船尾の高いそりには波きり板が付けられ、高波に強い外洋船の特徴をもっている（図22）。しかし、この埴輪には不足しているものがある。片脇あるいは両脇に、アウトリガーとも呼ばれるウキが張り出した舷側板とオールに櫂《かい》（パドル）を付けなければ実用にはならない。そうはいっても、このような構造船がすでに二〜三世紀に造られていたことは

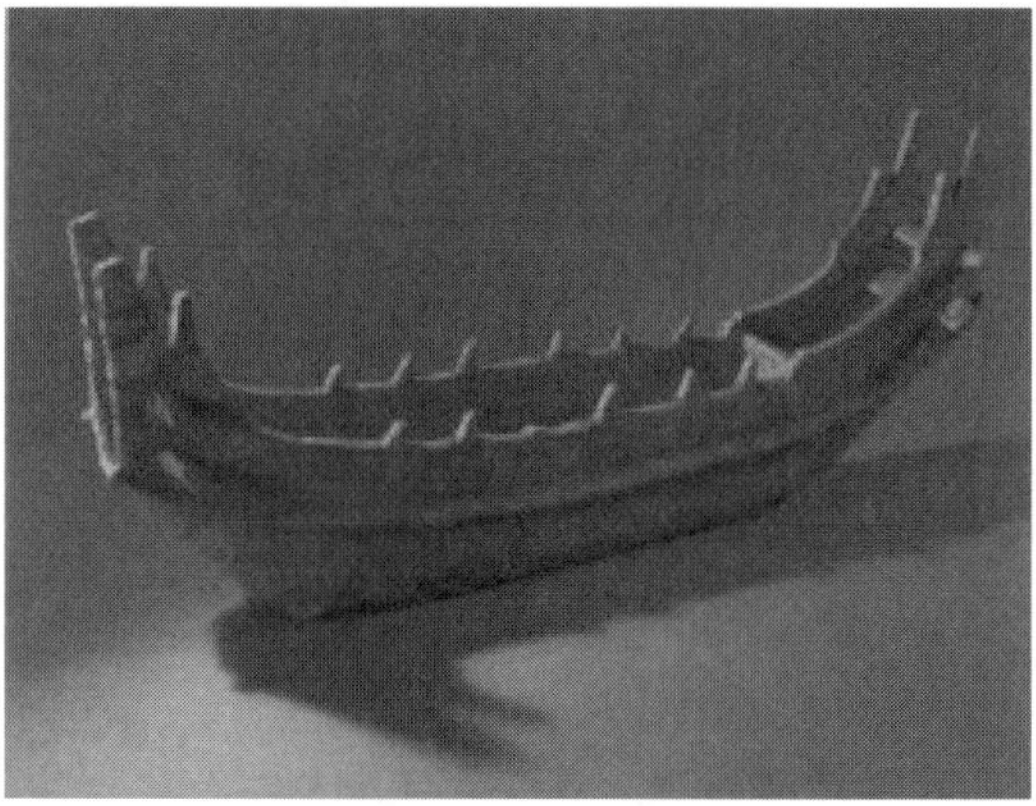

図22　船型埴輪（宮崎県西都原古墳出土）

驚きだ。

■「野生号」の実験

野生号は、新羅・加羅の船形土器、弥生時代の銅鐸絵画、土器、船形埴輪などを参考に、一九七九年に復元された。日本側「倭人伝研究会」と韓国側「三韓海路踏査会」の共同事業だった。

実験航海では、釜山を出発したが、海流は予想を超えた激しさで、死闘むなしく漂流してしまった。このため、対馬に行き着くのは至難の技だとわかった。

だが、これは出発地点が悪かったのである。青海鎮（現在の全羅南道莞島《ワンド》郡）あたりから東南に舵をとれば、自然に博多についたのだ。

唐・日本と手広く交易活動を行った張宝高

図23　野生号

（張《チャン》保皐《ボゴ》）は、七九〇年頃、小型だが、高速で堅牢な新羅船を持っていた。それでも、黄海により近い青海鎮から船出していて、釜山からではなかった。

すでに日中朝交易ルート（航路）が九世紀に開発されていたのに、野生号の実験が失敗したのは想定外なのだろうか。船の復元には成功したのだが、航路も古代のものに復元しなければならなかった。四世紀ごろでは、百済時代の冬音《ドンウム》県の耽津《タムジン》が日本ルートの港湾だった。百済も新羅も大伽耶も、ここを制圧すれば日本への海上利権を得られたので争奪戦が起きた地域であった。現在の康津《カンジン》郡大口面あたりである。他方、朝鮮の東沿岸から日本海を縦断すると、出雲や丹後に漂着するのが自然である。

南至邪馬壹國女王之所都、水行十日、陸行一月。官有伊支馬、次曰彌馬升、次曰彌馬獲支、次曰奴佳鞮、可七萬餘戸。

帯方から南に航行して十日で上陸して、歩行一カ月で宇佐（邪馬壹国）に着く。宇佐は女王卑弥呼が都督を置いている一つの国である。官はヨキマ、ミマション、ミマワキ、ナケテである。およそ七万戸余りであろう。

「邪馬壹国《やまいちこく》」は宇佐である

邪馬壹国を宇佐であると比定したのは、地域とその地政学的な判断と、魏志倭人伝の文脈による。ここでは、邪馬壹国の文字の成り立ちを考えてみたい。とくに壹（壱）なのか臺（台）なのか探ってみよう。

魏志倭人伝では「邪」の文字を「羅」に転化させる。さらに、「ら」「や」と二通りの発音がある。類書では、安邪国（安羅国）・狗邪国（加羅国）など、邪は羅の文字に置き換えられている。したがって、邪馬壹国は羅馬壹国にひとまず置き換えられる。読みは「やまいぃぐぉ」であるが、「やま」は山の音借である。

和語では、「山一」となる。山一について探ってみる。

古事記では、豊国の宇佐・足一騰宮《あしひとつあがりのみや》、書紀では、一柱騰宮《ひとつあがりのみや》、またの名を阿斯毘苔徒軼《あしひとつあ》餓離能瀰椰《がりのみや》（神武紀）とあり、「あし」の読みと、「ひとつ」の読みは共通にある。

万葉集に百七首もある「あしびきの」という枕詞は、山および「山」を含む語「山田」「山鳥」などにかかるほか、峰《を》、八峰《やつを》、岩根《いはね》などにかかる。ゆえに、「あし」は山を表意する古語とみることができる。足一騰宮は山一昇宮と開くことができる。

したがって、邪馬壹国に戻ると、壹（壱）の文字ははずすことはできないということになるだろう。

では、「やまひとつ」が「やまと」と称されるようになったのは何故だろうか。

まず、ヤマトという言葉を探ってみよう。この字は、実に二十七もの漢字で書かれていた。ヤマトの表記は「倭」「倭文」「大倭」「大和」「和」「和徳」「和戸」「大養徳」「家満登」「屋麻戸」「山跡」「山人」「山入」「山和」「山外」「山戸」「山登」「山砥」「山遠」「山都」「大弥麻登」「養徳」「山門」「矢的」「東」「日本」、さらに、七世紀には、「夜麻登」（古事記の雄略天皇の自作歌）などとも表記されている。

「やまと」という文字がこんなにたくさんあることにはびっくりだが、七世紀ごろに中国史書から音借転用されたからだろう。魏志倭人伝以外の多数の類書から邪馬台《ヤマドゥ》（中古音）を万葉仮名を用いて使い始めたのだ。『後漢書』を成立させた范曄《はんよう》は、なぜ邪馬壹国を邪馬臺国にしたのだろうか。臺には「うてな」といって「見晴らしのいい、高く建てた建物」という意味があり、転じて京《みやこ》の意味もあった。

壹が臺の字の誤りだろうとしたのは、安易な解釈を加えたからに違いない。日本古語の蜻蛉島《あきずしま》・蜻蛉洲《あきずしま》・秋津洲《あきずしま》が大和の地理的語彙だったろうと思われるが、好奇心の強い日本人に「やまと」の方が好まれ、流行したのが始まりだろう。

宇佐神宮は大元山の磐座がご神体だった

宇佐神宮では、「二拝四拍手一拝」の参拝礼式となっている。参拝礼式としては伊勢神宮、出雲大社や弥彦神社と同じである。現在の宇佐神宮のある小椋山（亀山）は独立した一つの丘陵だが、七七〇年に亀山に遷宮した。もともとは旧名大元山にあって、亀山は大元神社の拝殿であったという。大元神社は現在の宇佐神宮の奥宮として御許《おもと》山山頂にあり、この御許山は、「神の坐すところ」という意味がある。山頂には御神体である三体の磐座《いわくら》がある。九合目の鳥居から先は禁足地のため、この磐座を拝することができない。九合目にある大元神社から山頂を遙拝することになっている。大元神社は大神神社《おおみわじんじゃ》と同じ神奈備《かむなび》の古式神社だった。

宇佐市にある標高六百四十七メートルの御許山《おもとさん》は、「大元山」とも「馬城峰《まきのみね》」とも称し、神代の昔、比賣大神が高天原の神々より「道の中に天降り、天孫（天津日子日高番邇邇芸命、その後の歴代の天皇）をお助けするとともに、天孫の篤い祭祀を受けなさい」という神勅を受け、降臨の先駆となって最初に天降った神聖な山だと伝えられる。宗像（胸形）氏らが奉斎する多紀理毘売命、狭依毘売命、田寸津比売命の三柱の女神が天孫を支えるよう命じた経緯から、宇佐神宮のもともとの立ち位置をよく物語っている。

宇佐嶋はかつて辛嶋《からしま》とも称していたことがある。辛島は加羅《から》の音と似ている。

宇佐神宮は、もともと宇佐郡厩峯《まきのみね》と菱形池の間に鍛冶翁《かじおう》が降り立ったという神話と姫神の降臨と二つの降臨神話があり、もともと「国つ神」しか祀っていなかった。八幡神は八世紀前半になってから合祀されている。これを踏まえると、鍛冶翁は辰国の初代王・卓氏が、趙《ちょう》国（山西省郎鄲）の鍛冶部族であったこととつながるだろうか。

宇佐八幡宮上宮では、一之御殿《ごてん》、二之御殿、三之御殿と、「御殿」という呼び方をする。拝殿の正面の区画には大元神社遥拝所があるが、ここから御許山を正面にして参拝できるようになっている。御許山は南西方向にある。一之御殿、二之御殿、三之御殿の拝殿は御許山を正面にして建てられている。これは、御許山（大元山）が神聖な山であったからだろう。六世紀の記録では、宇佐神宮の社領は、大分県、筑後平野を含めた福岡県、さらには長崎県の島原まで、九州の大半におよんでいたと伝えられる。一之御殿の紋章は菊の御紋、二之御殿は三つ巴、三之御殿は桐紋となっている。

特筆すべきは摂社の亀山神社だが、亀と加羅が結びつくと、それは金官伽耶国である。五〇年頃建国とされる加羅国の建国説話では、六つの亀の卵から加羅国の王が誕生した。金首露《キムスロ》が降臨したのは慶尚南道にある現在の亀旨峰《クジボル》で、亀の丘陵である。金首露王陵にある大碑には、加羅ではなく、「大駕洛」と書かれている。

亀旨歌《クジガ》とは、九つの部族長が民衆に歌わせたと言われる歌のこと。地域に王がいなかったので、いつ王が立つのであろうか、早く王を授けよという民衆歌で、「亀よ亀よ、頭を出せよ。出さぬのならば、焼いて喰うぞ」という内容である。この歌は日本の童謡歌「かごめ歌」の元歌である。香久山の「かぐ」の「グ」は韓国語で亀のことである。宇佐社は亀とも縁が深い。

日本で地名として伽耶《カヤ》が転化したものに、大隅の鹿屋、伯耆《ほうき》（旧・島根）の蚊屋、但馬の賀陽、大和の茅原、越前の草原《かやはら》、糸島の可也山などがあり、すべて「かや」を同音の漢字に置き換えられたものとみなすことができる。

宇佐社は七七〇年に遷宮し、現在の地に創建された。小椋山は独立した一つの丘陵だが、旧名亀山だった。平安時代中期の『延喜式神名帳』には、「豊前国宇佐郡　八幡大菩薩宇佐宮」、「豊前国宇佐郡　比売神社」、「豊前国宇佐郡　大帯姫廟神社」として記載されている。初期の宮司は辛嶋氏と伝えられる。時代が下り、宇佐神宮の神職を束ねる大宮司は大神氏が務めた。神主職を菟沙津彦《ウサツヒコ》らの子孫である宇佐氏に譲って歴代祝職となり、大宮司職は代々世襲したと伝えられている。

自女王國以北、其戸數道里可得略載、其餘旁國遠絶、不可得詳。

卑弥呼が冊封する女王国（奴国）の以北、筑紫の国々はすでにその戸数と道のりを簡単に記載したが、その他の九州東北岸側の国々は、遠く険しく、山を越えるため、詳細を得ることができなかった。

「自女王国以北は、その戸数、道程を簡単に記載しえたが、その余の国は遠くて険しく、詳細を得ることができなかった」。記載したのはたった六カ国である。別項で投馬国と邪馬壹国の戸数と官吏名が記されるので、合計八カ国を調査できた。残りの二十一カ国は道程も戸数の記録もできなかったことの言い訳をしているのである。記録できなかったのは、行っていないからである。

次有斯馬國、次有已百支國、次有伊邪國、次有都支國、次有彌奴國、次有好古都國、次有不呼國、次有姐奴國、次有對蘇國、次有蘇奴國、次有呼邑國、次有華奴蘇奴國、次有鬼國、次有為吾國、次有鬼奴國、次有邪馬國、次有躬臣國、次有巴利國、次有支惟國、次有烏奴國、次有奴國此女王境界所盡。

その他の国々は斯馬《しま》国、已百支《いはき》国、伊邪《いや》国、都支《とき》国、彌奴《みな》国、好古都《ここつ》国、不呼《ふこ》国、姐奴《そな》国、對蘇《ついそ》国、蘇奴《そな》国、呼邑《こゆ》国、華奴蘇奴《かなそな》国、鬼《き》国、為吾《いご》国、鬼奴《きな》国、邪馬《やま》国、躬臣《くし》国、巴利《はり》国、支惟《きい》国、烏奴《うな》国を最後に、女王が領有する奴国の領域は尽きる。

この二十一国は、邪馬壹国に服属する小国である。

再び最後に奴国が出てくるが、奴国（筑紫）の領域を出て邪馬壹国（豊後）の領域に入り、再び奴国（豊前）の領域に入ることを示し、この女王の領域が尽きるところは、遠賀川の河口流域、福岡県中間市、宗像市に比定する。玄界灘に面している国が烏奴国で、ここは奴国の領域の北端だからである。

「傍らの国々」斯馬国から烏奴国までA官吏は訪問していない

陸行ルート比定地

⑥末盧国＝糸島前原付近

⑦伊都国＝吉野ヶ里

⑧奴国＝朝倉市甘木

⑨不彌国＝日田町

⑩邪馬壹国＝宇佐市（御許山《おもとさん》）

⑫傍らの二十一カ国

1．斯馬《しま》国、2．已百支《いはき》国、3．伊邪《いや》国、4．都支《とき》国、5．彌奴《みな》国、6．好古都《ここつ》国、7．不呼《ふこ》国、8．姐奴《そな》国、9．対蘇《ついそ》国、10．蘇奴《そな》国、11．呼邑《こゆ》国、12．華奴蘇奴《かなそな》国、13．鬼《き》国、

14．為吾《いご》国、15．鬼奴《きな》国、16．邪馬《いやま》国、17．躬臣《くし》国、18．巴利《はり》国、19．支惟《きい》国、20．烏奴《うな》国、21．奴国。

『太平御覧魏志』には、「その属小国は二十一カ国でみな邪馬壹国がこれを統べる。」と記す。

『太平御覧』とは、中国宋代初期に成立した類書の一つである。この二十一カ国の国は小国であるが、邪馬壹国の所領であるというのである。

これら二十一カ国は邪馬壹国の統べる小国である。その領域である豊国は、いまの大分県である。それらの地域のなかで最大の勢力をもち、首長的な国が宇佐にある邪馬壹国である。だが、例外がある。それは烏奴《うな》国で、奴国の所領だと考えられる。烏奴国は宇彌と一致すると思われる。太宰府より北六キロ、福岡県糟屋《かすや》郡宇美《うみ》町に、宇美八幡宮がある。その古名は宇瀰《うみ》である。

「邪《なな》めに伊都に届き、傍らに斯馬に連なる」という、『翰苑《かんえん》』の倭国の項における斯馬国の扱いを考えると、斯馬国は遠く隔たった方面に至って初めて現れる国であるが、斯馬国は伊都国に並ぶ大国ではなく、二十一カ国の小国の一つである。なぜ『翰苑』は伊都国と邪馬壹国と書かなかったのか。こうしたことを踏まえると、類書は二十一カ国は邪馬壹国に属していることを前提にしたものと思われる。

これら二十一カ国は、方向と距離が記載されていないので、道程や方位が一切不明である。次有、次有、と国名を書いているだけである。大分県の古墳や集落遺跡が多い地域を絞り込んで推定することしかできない。

「有」は、ある、ないの所有と存在を意味するが、観念的表現である。他方、「在」は場所に存在するという意味では客観的だが、魏志倭人伝では侏儒国だけに一カ所使われているだけである。

中国語では「有る」は、いる、いない、持っている、持っていない、～になる、という語法である。例えば、「X国が有る」というのは、地図を見ながらでもいうことができるのである。また、王朝の前に有の文字を置く例がある。「有夏」は「夏王朝」、「有周」では周王朝と訳す、ここでの有は特殊な接頭語である。この場合、所有や存在といった意味はない。

対馬国、一大国、末盧国、伊都国、奴国、不彌国、投馬国、邪馬壹国には有の文字はない。

「有る」をつけることによって、何を区別しているのだろうか。つまり、国によって有をつけていない国と、有をつけている国の違いをどう考えたらいいのだろうか。陳寿の筆法によれば、次有斯馬国と表記する「有」に隠れた意味を探るとすれば、A官吏は斯馬国ほか二十一カ国には実際には行っていないということなのだ。ほかに「有る」が使われているのは、裸国、黒歯国、そして女王国の東に海を渡ること千里の所また国有り、その南狗奴国有り、などがある。裸国、黒歯国、狗奴国など、A官吏の道程とは、地理的に見ても、実際には行くことが不可能な場所である。ここから、「有る」が使われている国は行っておらず、すべて伝聞であると断定できるのである。

例外的に侏儒国だけは在が使われており、A官吏は間違いなく行ったのである。

さらに言えることは、「次」は道程の順番ではなく、地理的に放射状かもしれない。また、大きな国の順番かもしれないのである。ただ、国名列記は例としては北から南へと順に書くようである。

そうしたわけで、これら二十一カ国は豊国（豊前・豊後）に分散してあるということは分かるのだが、確率的に推理することしかできない。大分県の遺跡や古墳が集中する場所から推測するしかないと考える。これらは、郷土史などの文献から見い出せる可能性は少ない。ただ、比定地は豊国にあるということであるので、若干ではあるが、触れてみたい。

■古代の豊後国は鉄の生産地

豊後国は豊前国と二つに分割されたが、かつて豊国は豊前と豊後を含んだ領域を持つ国だった（豊後風土記）。のちの宇佐神宮の寺社領が東北九州一帯を占めていたことに通じる。国東《くにさき》は古来、秦氏《はたうじ》が九〇％近く居住した地だった。

秦氏族は京都の平安京を築いた一大渡来族である。大分の伊美港は、かつて京都へ上るための大港であった。大分方言と京都弁がよく似ていると言われている。「ありがとう」を京都弁では「おおきに」というが、大分では「おおきん」という。それは、秦一族が共通の鍵を持っているということである。言えることは、国東は古代間違いなく山城（京都）の本貫にあたる国である。

文化面で共通なのは「火祭り」である。大分では「鬼会《おにえ》」というが、大松明《おうだい》は櫓《やぐら》のように組んだ数メートルもある松明《たいまつ》で、鞍馬《くらま》の火祭りの松明《たいまつ》と非常によく似ている。

鞍馬の火祭りでは「サイレヤサイリョウ、サイリョウサイリョウ」と連呼しながら松明を運ぶ。天念寺の鬼会では、鬼役が「ホーレンショーヨ、ソラオンニワヨ」と連呼して松明を振り回して舞う。岩戸寺では「オーニワヨ、サイショーワヨ」、いずれもその意味が不明である。不明点が共通なのも意味があるのだが…?

■鬼国《きこく》、鬼奴国《きなこく》は国東半島にあった

国東半島を通過して宇佐に行く道程ではずせないのが、縄文早期遺跡の早水台《そうずだい》遺跡である。大分県速見郡日出町にある。ここを国東半島への入り口とし、出口は豊後高田で、次は倭人伝の邪馬壹国の宇佐である。

国東市国見町大字伊美字中には、竹田津湾を一望できる西山古墳群がある。この古墳群は標高百十メートルにあるが、古代の海面を基準にすると、伊美湾の方がずっと奥深い入り江を形成しており、縄文前後期では西山古墳群は東側の伊美の入り海の方に面していた。西山古墳群の一つに鬼塚古墳《おにづかこふん》があり、線刻画が描かれている。この古墳が鬼塚古墳と名付けられたのは近年のことだろうが、国東半島では、修正鬼会《しゅじょうおにえ》と呼ばれる鬼が主役となる祭りが千三百年もの間執り行われている。国東は「鬼の国」とも呼ばれる所以《ゆえん》である。倭人伝の鬼国、鬼奴国は国東半島にあった国に違いない。

＊半島の中央に聳《そび》える両子山《ふたごさん》から放射状に延びる谷筋に沿って、安岐《あき》、武蔵《むさし》、国東《くにさき》、

伊美《いみ》、来縄《くなわ》、田染《たしぶ》（杵築から左周り順）の六つの郷が開けており、「六郷」といわれた。宇佐に抜けるにも、安岐郷から一度両子山に登り、別の谷筋で下山する。いわば両子山はスウィッチングハブのような峰山である。

＊鬼会は現在、三カ寺で行われているという。大分県の天念寺（西満山）が毎年、また、成仏寺（東満山）と岩戸寺（国東市）は一年おきに交互に催される。大松明《おうだい》は鞍馬の火祭りの松明とそっくりである。また、日本三大火祭りの一つ、玉垂宮《たまだれぐう》の鬼夜《おによ》（福岡）の火祭りにも鬼と松明が共通である。これらの火祭りの起源は、おそらく鉄の熔解炉の煙突であろう。また、鬼は卜占の儀式に所縁がある。

　鉄は金と等しいぐらい高価で、貨幣に使われるほど価値があった。純度の高いベンガラ（酸化鉄）を生成するには、溶鉱炉《たたら》で赤鉄鉱の粉末を半焼きする。鉄の生産工程の中で作れる副産物なのだ。国東市の下山古墳から六世紀の鉄鋌《ねりがね》が見つかっている。「神功皇后紀」四六年条で、百済の肖古王が斯摩宿禰《しまのすくね》の従者・爾波移《にはや》に「鉄鋌四十枚を与えた」とあるが、これは泰和四年（三六九年）、七枝刀《ななつさやのたち》が日本に送られてきたのと同時期（神功皇后摂政五十二年）のことで、これには韓・濊・倭に影響する大事件がかかわっていた。辰国から「谷那鉄山《こくなてつざん》」が百済によって強奪されたのである。谷那の鉄山は郁里河《ウニハ》＝現・南漢江の水源にあたるソベク山脈の月山岳の周辺にあった上質の鉱山であった。ここを百済が併合したのだが、近肖古王が鉄鋌を「引き続いて伽耶や日本に供給するから、安心してください」というのが真意なのである。この時すでに枕弥多礼《チンミタレグ》国など栄山江流域まで制圧され、辰国の民のうち、阿人、秦人は船を多く持っていたので半島を脱出して日本に亡命した（『三国志魏書』東夷伝　馬韓）。半島に取り残されていた秦一族が四〇五年に日本に最終的に移住を完了した。その人数は二万人弱であった。

　こうした経緯で秦人の民が日本列島に安堵したのである。秦人は、来て間もないころは土蜘蛛と蔑称され、朝廷に攻撃されている一族もあった。

　その後、天台宗の仁聞《にんもん》が養老二年（七一八年）に「六郷満山」を開山したと伝える。こうして六郷（国東）の火祭り（修正鬼会）が始まった。この祭りは秦人の鍛冶師（鉄工部族）の祭りである。鉄を溶かす溶鉱炉《たたら》は数メートルぐらいの釜土で箱型炉と言われる。その煙突を模したのが松明であり、その火の粉に当たると無病息災、豊穣繁盛のご利益があるというわけである。ちなみに、鑪《たたら》とは、日本書紀に神武天皇のお后になる媛蹈鞴五十鈴姫命《ひめたたらいすずのひめのみこと》の名前があり、「蹈鞴」と書いて「たたら」と読ませている。古事記では、「比賣多々良伊須気余理比賣《ひめたたらいすけよりひめ》」で、三輪大物主神と勢夜陀多良比売《セヤダタラヒメ》の娘である。この姫は、鉄の鍛冶集団と関係がありそうである。

其南有狗奴國、男子為王、其官有狗古智卑狗、不屬女王。
帯方郡から南には伯済国（狗奴国）があり、男王は臣智（候王）に叙されていて名をヒクといい、女王卑弥呼に服属していない。

狗奴国は伯済国を指している

右の文の「その南」は、魏略では「女王之南又有狗奴國」と書かれる。また、後漢書東夷列伝では、「女王国より東、海を渡ること千余里、狗奴国に至る。皆、倭種といえども女王に属さず」となっている。これらの文は、魏志倭人伝と相応した部分である。

では、帯方から航行して千里とはどのぐらいの位置なのだろうか。平壌からソウルまでが航行約四百五十キロメートルである。千里は四百三十四キロメートルである。航行約四百五十キロメートルほど南にある国となると、伯済国のほかに考えられない。また、女王国と狗奴国が同じ倭種であるとまで書いているが、ここに倭人についての中国側の認識が露呈しているとはいえるだろう。

官職には、渠帥《きょすい》、臣智、有険側、樊濊《はんかい》、殺奚《さつけい》、邑借《ゆうしゃく》といった身分の差がある。ここでは「巨智《こち》」と「古智《こち》」の文字の違いはあるが、これは単一の冊封国のなかで最も高い位の王にあたえる官職である。臣智は中国からみれば候王である。ここでの狗奴国は句麗《くり》国《こく》と読み、帯方郡の南にある漢江の地域にあった伯済国である。伯済国は、この時点では辰国の一属国を離れ、呉に朝貢していた。臣智（候王）に任じたのは呉の大帝孫権である。この伯済王は第八代古爾《こに》王（二三四年―二八六年在位）である。ゆえに、狗奴国（伯済国）の男王は女王卑弥呼に服属していないわけである。この王は二八六年に死んだが、暗殺されたようである。

伯済国は呉に朝貢していた

兵庫県宝塚市の安倉高塚古墳、および山梨県市川三郷町の鳥居原《とりいばら》狐塚《きつねづか》古墳から、赤烏《せきう》元年の鋳出銘の神獣鏡が発見されている。この鏡の赤烏の年号は、呉の初代皇帝・孫権の晩年の治世で、二三八年―二五一年である。二三四年と言えば、五丈原の戦いがあった年で、諸葛孔明が奮迅の働きをした魏蜀呉の三国時代の最中《さなか》である。

五丈原の戦いの直後、諸葛孔明が死んだと知るや、魏は兵を休ませることなく東方に振り向けて公孫燕を撃った（二三八年、遼隧の戦い）。公孫燕が呉と連携していたからである。赤烏の年号の銅鏡は、伯済から日本に送られてきたと考えられる。その後、百済は五世紀にも北魏でなく宋など南方国家に傾いた外交を続けている。そして、卑弥呼が魏に朝貢したのも二三八年である。赤烏元年とは、なんと景初二年と同じ二三八年である。呉が東北アジアに盛んに使者を送り、軍を派遣していた東北アジア情勢から判断すると、卑弥呼が魏に朝貢し、思いのほか明帝から手厚く遇せられた理由も、こうした背景を考えると理解できるのである。それは、呉と伯済の連合、主敵の公孫氏を牽制するためである。魏から見ると、どちらも呉が背後にいる油断のならない国だったのである。

■伯済国は初め月支国の一国邑だった

帯方の南にある国と称されるのは伯済国である。

『三国志魏書　馬韓伝』では、五〇年ごろ馬韓に五十五国があった。

1．爰襄國、2．牟水國、3．桑外國、4．小石索國、5．大石索國、6．優休牟涿國、7．臣濆沽國、8．伯濟國、9．速盧不斯國、10．日華國、11．古誕者國、12．古離國、

13. 怒藍國、14. 月支國、15. 咨離牟盧國、16. 素謂乾國、17. 古爰國、18. 莫盧國、19. 卑離國、20. 占離卑國、21. 臣釁國、22. 支侵國、23. 狗盧國、24. 卑彌國、25. 監奚卑離國、26. 古蒲國、27. 致利鞠國、28. 冉路國、29. 兒林國、30. 駟盧國、31. 内卑離國、32. 感奚國、33. 萬盧國、34. 辟卑離國、35. 臼斯烏旦國、36. 一離國、37. 不彌國、38. 支半國、39. 狗素國、40. 捷盧國、41. 牟盧卑離國、42. 臣蘇塗國、43. 莫盧國、44. 古臘國、45. 臨素半國、46. 臣雲新國、47. 如來卑離國、48. 楚山塗卑離國、49. 一難國、50. 狗奚國、51. 不雲國、52. 不斯濆邪國、53. 爰池國、54. 乾馬國、55. 楚離國

　この資料で箇条書きにされた国の中に、八番目に伯済国と十四番目に月支国があることを確認することができる。

　伯済国は現ソウルの一帯、五キロ平方メートルの小さな国だった。はじめ十済と言い、伯済と国号を改めた。建国した余温祚《オンジョ》は熱心に領土を拡張し、建国十三年目には北は禮成江（北漢江）、東は走壌（春川）、南は能川（公州）、西は仁川の海辺まで占領したと伝える。魏志倭人伝では、伯済国も高句麗国も狗奴国と表記している。その理由は、伯済国の国祖母、召西奴《ソソノ》が高句麗の開祖朱蒙《チュモン》の妃《きさき》であったことから、同根の国とみなしていたからである。句麗国はこの両国が派生する以前の旧国名なのである。「高句麗と伯済が兄弟国である」

というのは、こうしたいきさつからウソではないのである。なぜ召西奴《ソソノ》が二人の男子を伴って南方に移住し、建国したかについては、別の機会に詳述したいと思う。後に王統が替わり百済国と国号を改め（三四六年）、馬韓の各国を次々と占領していく。

自郡至女王國萬二千餘里。
帯方郡から女王国まで一万二千里余りである。

■帯方から邪馬壹国まで一万二千里

「自〜至〜」は、〜から〜までと訳す。
女王国の領域は一万二千里あったということが核心である。帯方郡から南はすべて女王国の統べる地であったのである。女王国の起点は帯方郡であり、終点は九州の女王国の境界が尽きるところまでである。その間にある三韓諸国も伯済国を除いて女王国に服属していた。帯方から朝鮮半島、日本列島にベルト状に重層して女王国であり、九州の奴国、邪馬壹国、投馬国の三大領域のうち、奴国が伊都国に宮をおいて他国を服属させている構図があるのである。

会稽編

男子無大小皆黥面文身自古以來、其使詣中國、皆自稱大夫。夏后少康之子封於會稽、斷髮文身以避蛟龍之害。今倭水人好沈沒捕魚蛤、文身亦以厭大魚水禽、後稍以為飾。諸國文身各異、或左或右、或大或小、尊卑有差。

男性は身分が高かろうが低かろうが、皆、顔や身体に入れ墨を施している。古《いにしえ》より、中国を詣でる（南倭の）遣使は皆、大夫《たいふ》を自称している。夏后（夏王朝）の第六代皇帝だった少康の庶子（無余）が会稽《かいけい》の王に冊じられた際、龍蛇に噛《か》まれる被害を避けるために、（倭人の風習に従って）短髪にして身体に入れ墨をしたという。今の倭の海人《あま》たちは潜って上手に魚や蛤《はまぐり》を採取する。かつて入れ墨は大魚や水鳥の害を避けるためのものだったが、今は次第に装飾となってしまった。倭人の諸国の入れ墨の施し方は国によって各々異なっており、また、身分の尊卑で左右、大小の差がある。

計其道里、當在會稽、東治之東。

少康の庶子、無余が王になった会稽は東治県《とうやけん》にまたがる東側（海岸沿い一帯）にあり、そこの人々は皆倭人である。

「計其道理」の「其の」は前段の「男子無大小……尊卑有差」に係り、会稽の指示代名詞である。ここは、会稽のロケーションを記したところである。倭人であっても、頭から日本列島にいると考えてはならない。ここは会稽に住んでいる倭人のことなのである。

「周のとき、天下太平、越裳（長江の南の一国）白雉を献じ、倭人鬯艸《ちょうそう》（霊芝）を貢す」
（後漢・王充の論衡　巻八・儒増篇）

旧唐書での「北虜南倭」の倭人は、浙江省と福建省の海岸沿いにあった百越の民と雑居していた。北虜は北狄《ほくてき》（モンゴル族）である。周の古公の長子太伯《たいはく》と虞仲《ぐちゅう》は、洛陽から荊蛮《けいばん》の地に出奔した。漢書地理誌では「交阯（ベトナム北部の県名）から会稽《かいけい》、（浙江省）に至る七、八千里、百越の民が雑居し、おのおの種姓あり」とある。その会稽郡は、江蘇《こうそ》州と浙江《せっこう》省と福建《ふっけん》省にかけてあった郡である。一般に越人はベトナム人と考えられているが、百越には倭人がたくさんの小国をつくっていたというのである。南倭は浙江省からベトナム北部に至る七、八千里の長い帯状の沿岸地域にあったのである。

＊ベトナムの古代国名：文郎国《ヴァンラン》（〜紀元前二五七年）。文郎（首都）・交趾・朱鳶・武寧・福禄・越裳《えっしょう》・寧海・陽泉・陸海・武定・懐驩・九真・平文・新興・九徳の十五県。周のとき、紀元前一〇〇〇年頃は中国の南部、江南にあった国名としても記録されている。春秋時代の呉越の抗争（紀元前五五〇年頃）によって、現在のベトナム領に南下移動したのではないか。

＊「陶維英」《越南古代史》第一篇第三章には、揚子江（長江）の流域以南の地区で、越の一国家で越裳国が実際に存在したとある。現在のベトナムよりずっと北の江南（長江の南側）にあったということは、会稽と東治県の近くだったようである。「越南古史」の中に、越裳国について、雉を献上したとの記載がある。だが、魏志倭人伝が書かれた三世紀ごろにはすでにそれらの国々は江南にはなく、現在のベトナム領域に南下していた。越人（ベトナム人）は百越の中の多数部族だったと考えるべきだろう。

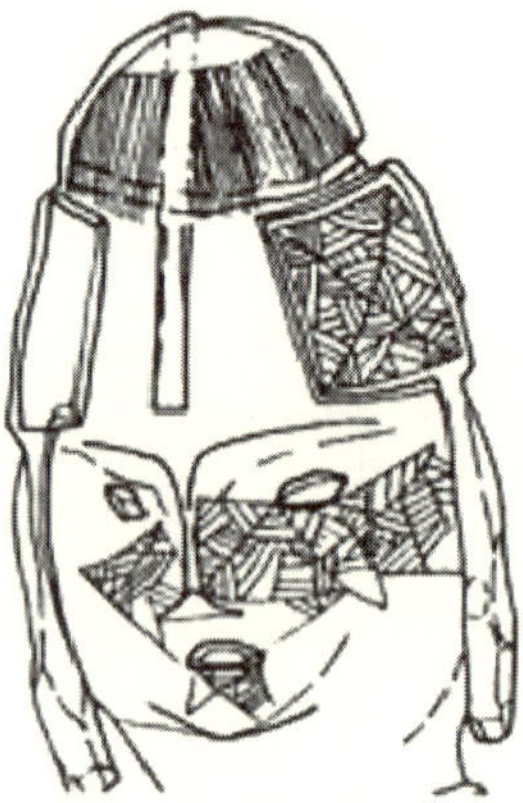

図24　隼人の鯨面

旧唐書の北虜南倭の倭人はベトナムに南下した

魏志倭人伝には「夏の後裔《こうえい》小康の子、会稽に封ぜられ、於いて断髪文身、以って蛟竜《こうりゅう》の害を避く」とあり、ここに「会稽」が出てくる。これは江南の倭人の記事の一つであった。会稽に来た王子が、なんのためにぼうず頭で、入れ墨をしたのか？　その地の習俗であったからである。魏志倭人伝では、それは海蛇に噛まれないためだと言っている。江南の民は「好んで沈没して魚蛤を捕らえ」ていた。「文身し、また以って大魚・水禽を厭う」というように、体の入れ墨は大きな魚、水鳥を追い払うためだという。「後、やや以って飾りとなす」で、だんだん飾りのようなものになったという。「諸国の文身おのおの異なり、あるいは左にし、あるいは右にし、あるいは大にあるいは小に、尊卑差あり」とあり、倭人がいくつもの国に分れていて、その入れ墨のやりかたが身分や家柄などでさまざまに異なっていたのだという。それらの入れ墨をみれば、人々はそれが誰の家柄の人物なのかすぐに知ることができた。入れ墨は身分証明書のような役割もあったのだ。

さて、その後の一文で、「その道理を計るに、当に会稽《かいけい》と東冶《とうや》の東にあるべし」とあり、江南の倭国が会稽と東冶の東にあったと述べている。会稽は舟山群島の近く、現在の紹興市または杭州市あたりと推定できる。会稽郡は江蘇《こうそ》州と浙江《せっこう》省と福建《ふっけん》省にかけてあった郡で、後漢になり東治県に改称されたので、会稽と東治は同じベルト地帯のことである。とすると、江南の倭人の諸国は上海から海南島にかけて幅広く海沿いにあったことになる。江南の倭人は南夷とあてがわれ、中華と区別される。

入れ墨をしたわけは龍蛇に噛まれる被害を避けるためだった

其風俗不淫、男子皆露紒、以木綿招頭。其衣横幅、但結束相連、略無縫。婦人被髪屈紒、作衣如單被、穿其中央、貫頭衣之。

会稽の人々の風俗は淫乱ではなく、男性は皆、頭に何も被らないで、髷《まげ》を結ったまま露出させ、木綿《きわた》の布で頭を巻いている（鉢巻き）。衣服は横幅の広い布を縫い合わせないで、互いに幾重にも交差させせて縛り付けている（菱縄《ひしなわ》縛りや亀甲《きっこう》縛りなどの起源か?）。

婦人は髪を結わずに曲げて束ね、衣服は単被《ひとえ》のように作り、その中央に穴を開け、これを頭に通して着ている（貫頭衣）。

ここでの「其の」は会稽のことである。今まで、貫頭衣が日本の弥生時代の衆人の風俗としてイメージされてきているが、同じ倭人だから似たようなものだろうとするわけにはいかない。

種禾稲、紵麻、蠶桑緝績。出細紵、縑綿。其地無牛馬虎豹羊鵲。兵用矛、楯、木弓。木弓短下長上、竹箭或鐵鏃或骨鏃、所有無與儋耳、朱崖同。

会稽の人々は稲や紵麻《からむし》（麻の一種）を栽培し、養蚕して絹織物を紡いでいる。細い紵《ちょま》（麻の布）や薄い絹織物を作っている。その地には、牛・馬・虎・豹・羊・鵲《カササギ》がいない。矛、楯、木弓を用いている。木弓は下が短く上が長い。竹の矢には鉄の鏃《やじり》、あるいは骨の鏃《やじり》を付けている。会稽の物産や習俗など、あることないこと全部が海南島の儋耳《たんじ》と朱崖《しゅがい》の倭人と同じである。

鵲《カササギ》は朝鮮半島に多く、ごく日常的に見られる鳥であるが、ここでは朝鮮半島と対比して、会稽に鵲《カササギ》がいないことを書いている。よって、牛・馬・虎・羊も同様に解すべきだろう。特筆しておきたいのは、絹綾《きぬあや》を産出しているということと、鉄の鏃《やじり》を使っているということである。当時の生産技術がすでに高度だったということが言えるだろう。

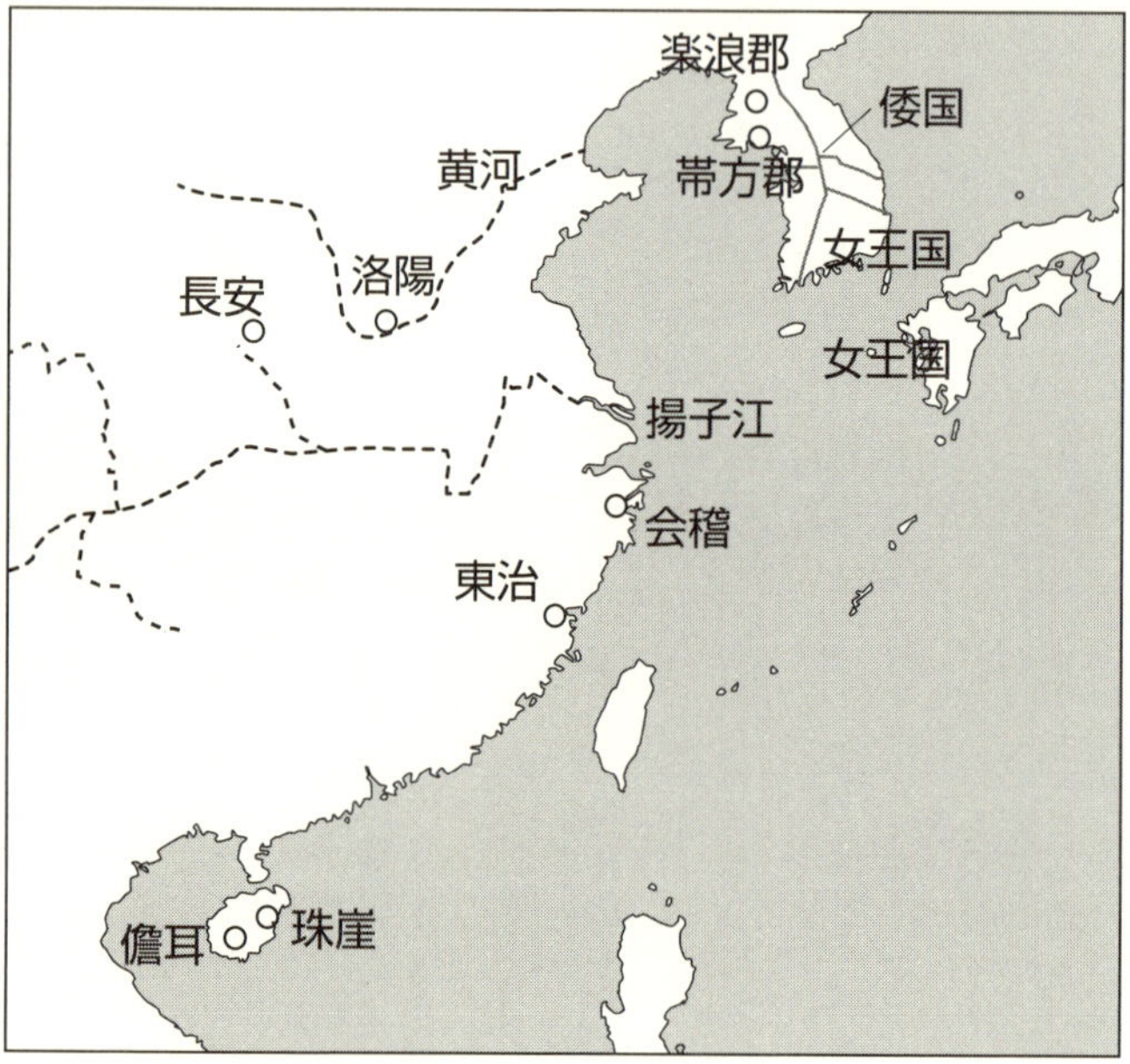

図25　倭人の居住地

儋耳《たんじ》と朱崖《しゅがい》は海南島。そこにも倭人が多数いた

「儋耳」と「朱崖」は、海南島の郡名。陳寿が、会稽から東治、さらに南の海南島まで海沿いに倭人が居住していたと認識していたことが確認できる。

倭地溫暖、冬夏食生菜、皆徒跣。有屋室、父母兄弟臥息異處、以朱丹塗其身體、如中國用粉也。食飲用籩豆、手食。其死、有棺無槨、封土作冢。始死停喪十餘日、當時不食肉、喪主哭泣、他人就歌舞飲酒。已葬、擧家詣水中澡浴、以如練沐。

会稽の地は温暖で、冬や夏も四季を通して生野菜を食べ、皆が裸足《はだし》である。家には室があり、父母・兄弟は寝転がって寝るが、子供は別の部屋に寝かせる。朱丹のおしろいを身体にも塗り、中国で白粉を用いて化粧をするように身体にも塗っている。飲食では竹や木で作った杯器に盛って、手で食べる。人が死ねば棺《かんおけ》を用いるが、槨《かく》（台になる外棺）はなく、土を盛って塚を造る。死去から十日余りは喪に服し、その間は肉を食べず、喪主は大声で泣き、他の人々は歌い舞ったり酒を飲んだりする。埋葬が終われば、家人は皆が水中に入って禊《みそぎ》をする。中国で言っている練沐《れんもく》（練り絹を着てのみそぎ）のようである。

其行來渡海詣中國、恆使一人、不梳頭、不去蟣蝨、衣服垢汚、不食肉、不近婦人、如喪人、名之為持衰。若行者吉善、共顧其生口財物、若有疾病、遭暴害、便欲殺之、謂其持衰不謹。

会稽の人々が海を渡って中国に朝見するときは、海難を避けるために一人の人間を供儀者として乗船させる。この人間を持衰《じさい》という。航行の最中は、髪を梳《と》かさず、シラミもとることをさせず、衣服は垢で汚れたままとし、女性を近づけない。もし、航海が吉祥で無事に済めば、共に乗船している長が奴隷の身分を解くだけの財産を与えて報いる。もし、航行中に病人が出るなり、海が荒れるような災難に遭ったときは、その持衰を犠牲にする。それはその持衰の清めが足らず、その不謹慎が災いを招いたというのだ。

九州編

出真珠、青玉。其山有丹、其木有柟、杼、豫樟、楺櫪、投橿、烏號、楓香、其竹篠簳、桃支。有薑、橘、椒、蘘荷、不知以為滋味。有獮猴、黒雉。

女王国（九州の国々）は真珠や青玉《ヒスイ》を産出する。そこの山には丹砂《たんしゃ》があり、樹木には楠木《クスノキ》、栃《トチ》、樟《クス》、櫪《クヌギ》、橿《カシ》、桑《クワ》、楓《カエデ》があり、竹には篠《シノダケ》、桃支《メダケ》がある。生姜《ショウガ》、橘《タチバナ》、山椒《サンショウ》、茗荷《ミョウガ》などがあるが、食料として滋味なのだろうか？　大猿や黒い雉《きじ》がいる。

この分節の文頭を見ると、其の、女王国、郡、など、何も冠されていない。つまり、ここから新しい分節となり、後段の「其国本男子為王」まで、帯方の倭に変わるまで日本列島の倭地の様子が書かれる。なんであれ、「其の」から始まらないときは意味段落が変わっているのである。文頭の一行をおろそかにできない。

猿や黒雉が自生しているのは日本列島しかないが、黒雉はすでに絶望滅種だと思われる。真珠や青玉（勾玉）は日本の特産品である。丹砂もしかり。植物・食物はどれも日本人になじみのある産品である。

「丹《に》」とは何か

水銀朱の素の鉱石は、中国の辰州（現在の湖南省近辺）で多く産出したことから、「辰砂」と呼ばれるようになったほか「朱砂」とか呼ばれている。日本では、古来「丹《に》」と呼ばれた。『史記』百二十九巻・貨殖伝に「而巴《パ》（蜀）寡婦清 其先得丹穴《ダンシュエ》 而擅其利數世」すなわち「巴《パ》国の寡婦、清は先んじて丹鉱を見つけて、その利を勝手に欲しいままにし、数世代にも及び富裕だった」とあり、辰砂の発掘は巨大な利益を生むことが記されている。

＊巴《パ》は四川省と貴州省の山岳地帯にあった小国。巴国は紀元前三一六年に秦の嬴諱《えいし》（恵文王）が張儀《ちょうぎ》（魏人）の提言を取り入れ、蜀を滅ぼすと同時に巴も占有した。楚と境界を接しており、巴国が長江の上流にあたるという、戦略的重要性を見抜けなかった楚の懐王は秦に敗北する。

秦の嬴諱《えいし》（恵文王）が楚国の娘、羋《みい》氏を妃に娶《めと》った。羋氏は子宝に恵まれ、嬴諱が亡くなったあと子の羋戎を昭襄王とし、自らは宣太后となって、まだ幼い昭襄王に代わって秦の朝政を執った。

このとき、意外なことに、秦の朝廷をしっかりものの楚人の女性が支配したのだ。時の楚の王は懐王（在位：前三二九年〜前二九九年）、姓は羋《みい》、名は槐。また、楚の宰相であり詩人でもある屈原《くつげん》の姓もまた羋である。羋は、ミイという羊が鳴く声だという。秦も楚も、ミイミイと羊の鳴く声が騒々しかったようだ。

三星堆と金沙遺跡にみる金の彫金、銅の製品から、巴蜀文明は金属加工が著しく発達していることが分かった。もともと山岳地帯で鉱物資源の宝庫だったこともあるだろう。秦の刀剣がクロームメッキされていた驚愕の超技術は、インドから巴蜀に伝搬したのだろうと推測する。『大隅正八幡本縁起』では、「中国の震旦《しんたん》国隣王・陳大王の娘、大比留女《おおひるめ》が七才で懐妊して生まれたのがホムタワケノミコトである。」と記される。震旦国は振旦、真丹とも書き、これは中国の秦の土地を呼んだ言葉である。長江の上流部である金沙江《きんさこう》の一帯に撣秦族《だんちん》がおり、言語は阿薩姆（アッサム語）だった。越裳国は大秦婆羅門国の前身とみなすことができ、秦帝国を建てた有力な旧国で、インドの阿薩姆邦（アッサム国）の近くだった《新唐書・地理志》。

水銀朱はどうやって作られたのか

一九九九年、皇極天皇の両槻宮《ふたつきのみや》の丘陵の麓から亀形の石水槽が発掘された。だが、この亀形石の用途は謎で、さまざまな憶測がなされた。

この亀石の丘陵（明日香村岡）北斜面の七十五メートルほどの丘の上に「酒船石《さかふねいし》」があった。さらにその上方に、方形に積み上げられた煉瓦状の石積みが新たに見つかり、湧水施設と見られた。この三カ所の近接した施設をコンビナートとみなすと、湧水施設から一定量の水を流出させて酒船石に導き、亀形石まで落下させていたと推測できる。

この花崗岩から出来た亀形石の底には、赤い条痕の痕跡がはっきり見てとれる。亀形石に赤い条痕が残ったのは奇跡的であった。

水銀朱（硫化水銀）は比重が重いので、水底に一番先に沈む性質がある。

辰砂を細かく砕いて粉末にして、さらに酒船石の上で摩《す》りつぶし、箱型水槽からの水流にのせて亀形石に落下させる。すると、比重の重い硫化水銀だけが亀形石の底に残り、天然の水銀朱だけを分離する。なんと、酒船石は硫化鉱物（賢者の石）を砕く巨大な石臼《いしうす》だったのだ。

飛鳥には石像が多いので「石の都」と言われるが、飛鳥寺から徒歩十分のあたりに亀石が道端に打ち捨てられているように置かれてある。高取城跡の二ノ門手前にある猿石は、欽明天皇陵から運ばれた一体であるとも、石垣にするため明日香村から運ばれてきたとも伝えられている。益田の岩船など、巨石で出来た不思議な構造物がある。

ところで、吐火羅国（トハーリスターン＝大夏国）の男女が飛鳥に滞在していたことがある。斉明六年に乾豆波斯達阿《げんづはしだちあ》等数十人が帰国したと日本書紀にある。彼らは、「再び大和に仕えたいので、妻を残してその表《しるし》とします」と、妻子を日本に残したまま西海に船出したと伝えられる。乾豆波斯達阿は、波斯《ハシ》という文字からペルシャ人であることが分かる。彼らが再び日本に戻った記録はない。これらの人々は、西域のオアシスで灌漑用水路をつ

図26　酒船石は巨大な石臼《いしうす》

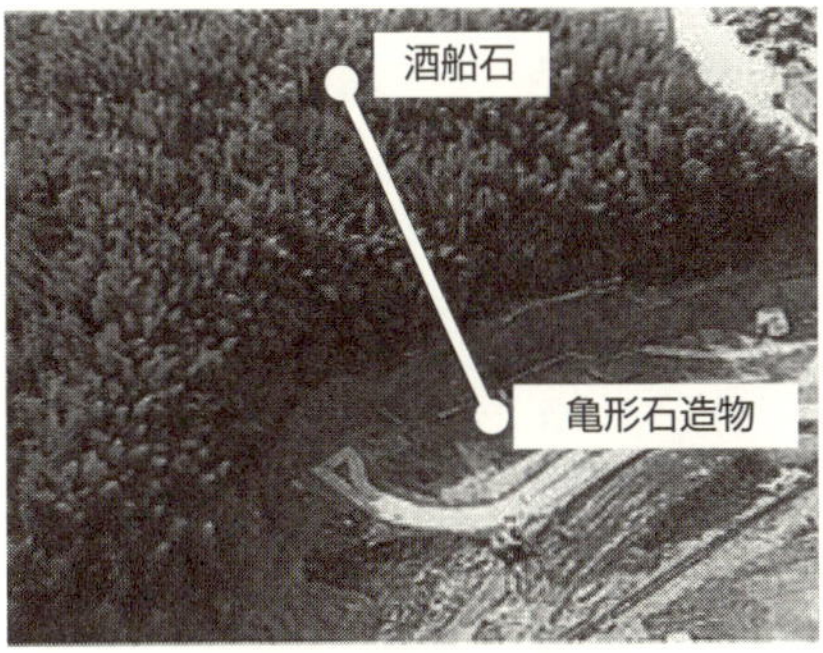

図28　酒船石の位置

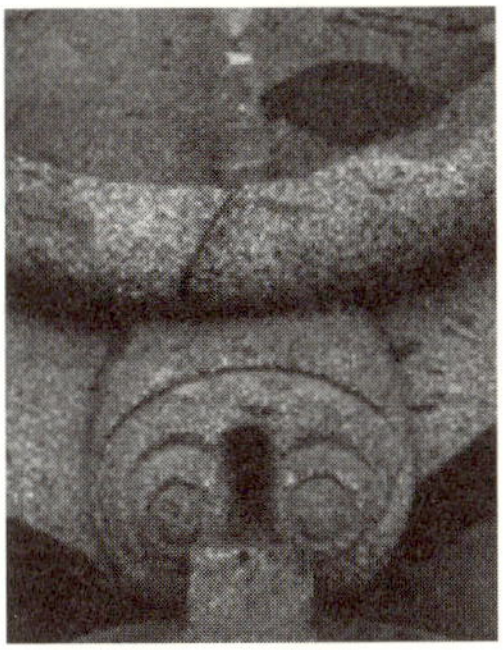

図27　亀形石

くる達人たちだったのだろう。
斉明天皇（皇極の重祚）が外国からの使者を迎えて須弥山石《しゅみせん》のもとで饗宴を開いたことが記されている。その須弥山石（石神遺跡・噴水構造）や酒船石などは、大夏国の彼らがつくったと思われる。水流を制御する技術がなければこうした石の中をくり抜いた構造物はつくれない。

其俗擧事行來、有所云為、輒灼骨而卜、以占吉凶、先告所卜、其辭如令龜法、視火坼占兆。

そこ（九州）の風習では、事を起こして行動に移るときには、亀の骨を焼いて吉凶を占うが、はじめに占うことを告げる。その礼句は中国の亀卜《きぼく》法に似ている。骨に生じた裂け目の方角を観て兆《きざし》を占う。

大事を為すときは卜占を行って吉凶を占っている

ここは、九州の倭人の習俗を書いている。

『其俗舉事行來、有所云為、輒灼骨而卜、以占吉凶、先告所卜、其辭如令龜法、視火坼占兆』これは、魏志倭人伝の中で宗教的なことが書かれた唯一の項目だ。殷墟の遺跡からおびただしい数の骨や甲羅が出てきて、その占いの結果は甲骨文字で記録されていた。紀元前十四世紀ごろのものから残っている。近年では、殷墟から六百キロメートル離れた周原でも甲骨文字が発見されており、殷朝の末期には周でも使われていたことが明らかになっている。実際に周原から出土した甲骨文字には、殷の東方に位置する部族に対して共闘を申し込んだ記述などがある。殷とは異なり、周では記録や契約等の記述としてすでに使われ始めていたことが明らかになっている。亀卜占はもともと中国伝来なのである。

其會同坐起、父子男女無別、人性嗜酒。見大人所敬、但搏手以當跪拜。其人壽考、或百年、或八九十年。其俗、國大人皆四五婦、下戸或二三婦。婦人不淫、不妒忌。

卜占《ぼくせん》を行う祭祈堂では、座席の順序や男女や親子など立ち居を区別することなく、一同に会している。人々の性質は酒好きである。人々は大人（高貴な者）への敬意を表すさい、手を合わせてひざまずき、礼をする。

そこの人々は長生きする者が多く、百年、あるいは八、九十年を生きる。風俗では、国の有力者は皆、四、五人の妻を持ち、庶民でも中には二、三人の妻を持つ者がいる。その妻たちは貞節で互いに嫉妬をしない。

＊卜占を行う朝廷の職（品部）があり、卜部《うらべ》という。卜部氏という氏族がいた。

不盜竊、少諍訟。其犯法、輕者沒其妻子、重者滅其門戸及宗族。尊卑、各有差序、足相臣服。收租賦有邸閣國、國有市、交易有無、使大倭監之。

窃盗をしないので、訴訟は少ない。法を犯せば、軽い罪は妻子の没収、重罪はその家族あるいは一族を処罰する。身分の尊卑は階級の序列があり、互いに臣服の秩序が整っている。租賦を納める役所は高床式倉庫で、また国々にそれぞれ市場があり、人々は出かけていって双方物資を交易し合っているが、諸国の王は各々管轄官を任命して交易の有無やその多寡を監理している。

自女王國以北、特置一大率、檢察諸國、諸國畏憚之。常治伊都國、於國中有如刺史。

女王国（奴国）から北の官を列した国々には、特別に大率《だいそう》を置き、諸国を検察しており、他の諸国はこの大率を畏《おそ》れ憚《はばか》っている。大率は常に伊都国で治め、国の中での立場は中国における皇帝の刺史《ちょくし》のようである。

■使訳とは小国の王のことである

「舊百餘國、漢時有朝見者、今使譯所通三十國」すなわち「元は百余国、漢の時、朝貢した国＝奴国があった」とあるように、百余国の国邑にはすべて、王を自称していたトップがいた。今は使役通じるところ三十カ国、これは一大率の監察ができる国で、女王に冊じられている。しかし、奴国に服属する国邑の国名は記されていないが、百カ国のうちの三十カ国で、筑紫・豊前にあると判断する。斯馬国からの二十カ国は邪馬壹国（宇佐）が支配する領域で、大分県（豊国）にある。邪馬壹国も女王卑弥呼が監察している。

隋書倭国伝では、「魏の時、中国が使訳（官）を通じたのは三十余国である。それらの国は皆『王』を自称している」とあるので、女王国の諸国には各々王がいたことは間違いない。使訳という官とは、これらの王のことである。これは帯方郡の諸国でも同じで、魏から見ると一度金印や銀印などを綬拝すれば魏の官で「県候」となるが、地元では王だということだ。金印も銀印も銅印ももらったことがない自称王を使訳としたのだ。適当な官名が見当たらなかったからだろう。

■都するところはみやこ（宮所）ではない

「京をおくところ」それに対して「都するところ」は異なるのである。京は皇帝が在する京《みやこ》であり、都するところとは、監察するところの国邑である。卑弥呼は「親魏倭王」の金印を与えられて倭国王となったが、燕の公孫氏の支配領域を引き継いだかたちである。

> **王遣使詣京、都、帯方郡、諸韓國、及郡使倭國、皆臨津捜露、傳送文書賜遺之物詣女王、不得差錯。**
>
> 伊都国の大王が使者を京（洛陽）、都督《ととく》、帯方郡や諸韓国に派遣するとき、また、伊都国に滞在する郡使が倭国（卑弥呼）に使いを出すときは、皆、伊都国の渡し場まで出向いて、伝送の文書や貢献物を点検照合して、帯方の女王に詣でるので、間違いがなく、問題は起こらない。

卑弥呼が九州各国の外交を仕切っていた

郡県制《ぐんけんせい》は、前漢の時代、および春秋時代末期から戦国時代に、晋や秦・楚で施行された官僚制による中央集権体制のこと。はじめは直轄地を県、辺境地域を郡としたようであり、中央から王の任命する官吏を派遣して統治した。世襲制の封建制に代わる支配制度で、秦始皇帝が始めた。つまり郡とは皇帝が直轄する地方行政機関の名称だったのである。

周辺国の支配地では、都督（または郡治）を置いたうえで、世襲の王国を冊封する間接支配を行っていた。

卑弥呼は太守に任命され、一大率を伊都国に置いて冊封していた。伊都国には一大率と地元の王と二重の行政機関があったことになる。

そこで、九州の国々は一大率の官吏を郡の勅使と同じように畏れはばかっているということが記事にされているのである。勅使は皇帝の代理であるので、たとえ小役人でも、皇帝に仕えるのと同じ礼を以て待遇しなければならないのである。

皇帝▽魏の帯方郡大守▽帯方太守女王卑弥呼▽奴国王▽奴国に服属する自称王。

「王が使者を京（洛陽）、都督や帯方郡、諸韓国に派遣したり」と、奴国王または大率の使者を派遣する時、その目的地を表記している。それらの文書や品々はすべて港で点検照合し、女王に詣でる。魏の官吏の本国への報告や上申書も、女王に取り次いでもらうのであろう。
＊傳《でん》（chuán）は渡す、伝の旧字。
＊京都　京と都とは相反する文字である。京都という一語に合成できないはずである。本来、京は京であり、都は都である。そこで、京都は、京と都を分けて間に句点を入れた。
「及郡使倭國」とは、伊都国に滞在している郡の官吏が卑弥呼に使いを出すということだ。この場合も皆で伊都国の港に出向いて点検するというのである。これらの点検作業も一大率という役所の仕事である。
①ここでの倭国は九州の伊都国の大港から船で出発する目的地である。そこには女王卑弥呼がいる。
②九州の国は女王を訪問して許可をもらってから、派遣先の帯方、韓国に詣でることができる。奴国は卑弥呼より長い歴史があり、後漢時代に金印を除綬されていたので、すでに国として成立していたのだ。
③女王国は奴国を含む、日本と朝鮮半島にまたがる領域である。奴国・投馬国・邪馬壹国・末盧国は女王卑弥呼に冊封されている。

卑弥呼が魏から帯方太守に叙綬されて、倭国王と認められている以外に、九州の国が倭国と書かれているところは一カ所もないのである。もともと燕国と以後の公孫氏の支配下にあったので、中国の皇帝から直接任せられた候王も県王も存在しなかったと考えられる。

▼諸韓国は光武帝が定めた

後漢書　巻八十五　東夷列傳第七十五　(三韓)光武帝二十年　「韓人廉斯人、蘇馬提等　詣樂浪　貢獻　光武封　蘇馬提　爲漢(韓)　廉斯邑君　使屬樂浪郡　四時朝謁　靈帝末　韓・濊並盛　郡縣不能制　百姓苦亂　多流亡入韓者。」

馬韓と濊が隆盛であったので直轄を放棄し、韓人と斯人に辰韓《チンハン》の王をそれぞれ封じた。ここで、光武帝が韓土を三国に分割して、馬韓に加えて、弁韓と弁辰を楽浪郡の冊封国とした。韓人と斯人が楽浪に朝貢し、季節ごとに朝見した。韓人が加羅人、斯人は新羅人である。すなわち、月支国王は加羅と斯羅の代表国が共立されていたのである。九州の奴国が金印を拝した動きは単独ではなく、多数の三韓諸国の冊封と同時に行われたと見るべきだろう。

ここで王と書かれているのは、奴国王である。王は代々世襲で、本貫の奴国ではなく伊都国に京《みやこ》を置いていた。一大率は卑弥呼が派遣している為政機関で、奴国王ほか九州諸国を監察していた役所である。一大率の大率は、大王と同じで卑弥呼の国の固有の役所名であるが、周代の官名である。九州の諸国王は本来、軍事・通商も兼ねた官吏で、魏から任命される使訳とは、魏から金印や銅印など下綬を受けていない諸小国邑の自称王を呼ぶ。未公認の王らに相当する官名がないので、使訳という語をつかったのだろう。諸国使訳はその名前が男女ペアになっており、自称王、王后である。多くの王墓級の墳墓遺跡が糸島、大分、宮崎から発見されるのは王や王女がいたことを示し、奴国は特別な大王的存在だったと見る。そこで、使訳は中国側からみると、未公認の県候クラス以下の王と考えるのである。

●印綬と身分の関係

丞相・将軍＝金印、亀鈕、紫綬（卑弥呼がもらった）
地方長官・中央官僚＝銀印、亀鈕、青綬
官僚＝銅印、亀鈕、墨綬。銅印、環鈕、墨綬
諸侯王＝金印、駱駝鈕、綬（三韓の臣智はここか？）
列侯＝金印、亀鈕、綬
周辺諸国＝金印〜銅印。北方は羊・馬鈕、西域は駱駝鈕、南方は蛇・蟠蛇鈕・虺《キ》・螭《チ》、

東方は亀鈕。綬（印の材質によって違う）

勅使とは、皇帝の名代で、宣旨を伝達する役人であるが、皇帝と同等の礼をもって迎えなければならない。一大率の官をあたかも勅使の如く畏れ敬っているというのである。ここでいう一大率というのは、卑弥呼が特別に設置した役所名である。一大率は冊国を監察する機関として魏の皇帝の代行として機能していたのである。

一般に郡県制の場合、郡の領域をさらに分割した区域を県とし、官吏は任命されて現地に赴く。他方、冊封制は皇帝が地方の王にたいして侯といった中国の爵号を授け、君臣関係を結ぶ。地方の有力国が宗主国となって、王族を派遣して領土を広げることを檐魯《たんろ》といい、和語では内宮家《うちのみやつけ》、屯倉《みやけ》などという。

他に「鎮」、「関」は、今でいえば軍事基地のこと。常備兵を駐屯させていた。万里の長城の端の臨楡関《リンユグアン》（清代では山海関と呼んだ）には、一六二二年、駐屯する守備隊七万九千八百六十九人、馬匹《ばひつ》一万二千七百六十頭と記録されている。

隋以後では都督府（都護府・都护府）を設置して都督を派遣し、その下に評督が任命される。評督は「評」を行政区画として管理した。日本に都護府が初めて置かれたのは六六九年で、天武天皇が造営した大宰府政庁跡（都府楼跡）がそれに当たる。これを日本では、評《こおり》制といった。行政単位「評」を改めたのは七一三年で、このとき、一文字であった区分は二文字にあらためた。例えば、「群馬」はこのとき初めて生まれた名前で、それ以前は「車」だった。評が全国的に実施されていた事実は、藤原宮出土の木簡に記されていることによって証明されている。

六六〇年、百済が滅亡すると熊津都督府・馬韓都督府などが敗戦国百済に置かれたが、六七六年に撤退した。劉仁願は唐へと帰朝し、劉仁執が後任となった。『日本書紀』の六六七年には、唐の百済鎮将劉仁願が、熊津都督府から日本側の捕虜を筑紫都督府に送ってきたという記載がある（「十一月丁巳朔乙丑 百濟鎮將劉仁願遣熊津都督府熊山縣令上柱國司馬法聰等 送大山下境部連石積等於筑紫都督府」）。筑紫都督府（大宰府政庁跡・都楼府）は六六七年になくなったようであるが、二十七年間は唐の冊封下にあったと見る。筑紫都督府はかなり豪華な政庁を天武天皇が命じて造営し、唐の評督を饗応したようだ。防人《さきもり》たちは「外賊を防ぐために来たのに、どうして内賊を守らなければならないのだ」と嘆いた。七三〇年には、筑紫警備を担わされていた東国の兵に限定されていた「防人《さきもり》」も廃止され、それぞれの故国に帰っていった。

下戸與大人相逢道路、逡巡入草。傳辭説事、或蹲或跪、兩手據地、為之恭敬。對應聲

曰噫、比如然諾。

庶民が国の有力者に道で出会った際は、後ずさりして草むらに入り、道をあける。有力者に対面して話したり、何か事情を説明するときは、敬意を表すため、蹲《うずくま》るか、跪《ひざまず》いて、両手を常に地面に着けておくしきたりである。返事をする声は噫（yī）と言い、これで承諾を示すようである。

帯方編

其國本亦以男子為王、住七八十年、倭國亂、相攻伐暦年、乃共立一女子為王、名曰卑彌呼、事鬼道、能惑衆、年已長大、無夫婿、有男弟佐治國。自為王以來、少有見者。以婢千人自侍、唯有男子一人給飲食、傳辭出入。居處宮室樓觀、城柵嚴設、常有人持兵守衛。

帯方に位置する倭国は、以前は男性を王としていた時代が七、八十年続いたが、倭国は擾乱《じょうらん》、互いの攻伐が何年も続いたので、一人の女子を（皇帝が）王と為した。その名を卑弥呼といい、鬼道（卜占の法）を執り行い、その宣託は、よく人々を魅了した。既に高齢となって夫は亡くなり、年下の男性がいて国の統治を補佐していた。

王位に就いて以来、謁見《えっけん》した者は少なく、官女（宮廷で務める婢）が千人も側に侍《はべ》り、ただ一人の男性（宦官《かんがん》）が食事を給仕し、伝辞のため出入する。居住する宮殿や楼観に城柵が厳重に設けられ、常に護衛兵が配置されている。

「其の」の係りは倭国である。この倭国は、遼西百済郡と帯方郡に両域に官を置いていた国である。「倭国」という語はここ二カ所に登場する。

卑弥呼は倭国大乱を終結させるため共立され、乱が収まったことになっている。倭国大乱は後漢書（四三二年成立）では「桓霊間」と記述されている。桓霊とは、桓帝（一四七年―一六七年）と霊帝（一六八年―一八九年）の間、すなわち一四七年〜一八九年。さらに梁書（六二九年成立）では光和年間とされ、一七八年〜一八四年となる。

倭国の大乱とは楽浪郡と帯方郡の大飢饉で、約七、八十年間続いたのである。

倭国大乱は農民反乱だった

共立王は諸国の部族長の満場一致で推戴されるきまりであった。百済では五方の方領の首長からなる政治巌《チョンサハ》会議、高句麗では五部族で構成する諸加《チュガ》会議、新羅では六部村長からなる和白《ウェベク》会議などがある。諸国の紛争、対外交渉、租税法など内政は朝議にかける。王が自分の意思を実行できるときは、王権が強い。王が自分の意思が何一つ通らないときは弱いということになる。

この時代は長子の王位継承が制度化されておらず、王の兄弟が聡明であれば王位に就くこともあった。そのため、王位をめぐる火種がつねに存在した。諸部族長が世継ぎ（太子）を家門から出すと王族になり、外戚政治が強勢になると王は外戚の操り人形になりかねないなどの危険があった。とくに幼少で王になった場合など、王位はいつ簒奪されるか分からないことになる。

三世紀中ごろの数十年間、アジアでは盛んに雨ごいの儀式が行われており、大干ばつが襲っていた。それによって引き起こされた飢饉が黄巾の乱の原因となったと思われる。

倭国大乱は、ちょうど檀石槐が猛威を振るった一一七年頃から黄巾《こうきん》の乱一八四年あたりまでの年数と重なる。黄巾の乱は中国全土で起きた農民反乱である。倭国大乱も黄巾の乱も擾乱《じょうらん》である。戦う相手が明確な戦争や反乱ではない。敵が明らかでない争乱なのである。二世紀半ば、地球規模の気候異変が起きていたが、これは小氷河期で、海面水位が低下したのもこの時代だと考えられる。中国各地で起きていることから、アジア全域に及ぶ大干ばつが七〜八十年にわたって起きたのである。飢饉は楽浪郡・帯方郡も襲ったはずである。国邑が混乱し、農民が（食料を求めて）帯方郡治（役所の税を納めた倉庫）を略奪した。これを裏付ける記録がある。

「一九三年、倭国で大飢饉が起き、千余人の倭人が食料を求めて新羅（辰韓）へやってきた」（新羅本紀）……この倭国は帯方郡にいた倭人のことである。

扶余では、このような天変地異による凶作の原因は王にあるとみなされ、王が廃される慣行があった。攻伐が毎年のように起き、共立王が空白となるのもこの大飢饉の時である。

公孫度は、帯方の倭人（阿人）・韓人の駿乱に、国邑の王たちをも例外なく鎮圧した。黄巾の乱とその後の後漢の衰退に乗じて、公孫度が遼東地方に半独立した公孫燕《えん》を樹立。遼東・三韓・日本列島・山東半島まで勢力を伸ばした。二〇〇年頃、帯方郡に国を置いて尉仇台《イグデ》に任せ、公孫度は宗女卑弥呼を嫁がせる。この時、卑弥呼は二十五歳であった。秩序が乱れて、各地の反乱が続出するようになると、後漢は押さえる力が尽き、地方の大守らは自立勢力となって強大化していった。

後漢書倭伝でも「極霊間倭国大乱相次代主無」と書いているが、そういう最中、卑弥呼が跪いて四方を拝み、天を仰いで鬼神を拝むとたちまち雨が降り出した。雷が鳴って大雨となり、三日間も降り続いた。人々は「このお方は至徳な神に勝るとも劣らない」と感涙して褒め称えた。卑弥呼はおそらく、このような形で諸国によって共立されたのだろう。これが鬼道によってよく衆を惑わしたということだ。

中国古代の鬼神とは太祖霊（祖禰）であり、王宮で祀る場合には、おおむね国祖である。国祖とは初代の王を指す。

戦国六国時代の韓の亀卜占《きぼくせん》では、神官が鬼面を被って亀の甲羅を焼いていた。戦国七雄の一国だった韓王は、函谷関の戦い（前三一八年）で、殺された王子の復讐戦を秦にたいして決行するかどうかの吉凶を占った。大事をする前に卜占を行うこと、神官が鬼面を被るなどの風習は中国にあったのである。

九州番外編

女王國東渡海千餘里、復有國、皆倭種。又有侏儒國在其南、人長三四尺、去女王四千餘里。

九州の女王国の東に海を渡ること千里余りの所に、また四国がある。いずれも倭人と同じ種類の人々である。その南に侏儒《しゅじゅ》国（鹿児島）があり、住民の身長は三、四尺しかない。女王国から四千余里離れている（図20）。

侏儒《しゅじゅ》国には船で日向灘《ひゅうがなだ》を南進した

女王国の東の端は九州東北海岸。山を背に、海に面した宇佐から東に船を出すと、四国の佐田岬に着く。そこがちょうど千里（五十キロメートル）ぐらい（千里は壱岐島から糸島の間と同じ）。ここでまた、「国あり」と記す。そこは四国で、そこにも国があると言う。当然女王卑弥呼にも属さない国だということになる。

宇佐から船出して、佐田岬沖（三崎灘）から南に方向転換する。日向灘《ひゅうがなだ》に沿ってさらに南に進むと、鹿児島がちょうどいい位置である（奴国から鹿児島市まで一千三百余里、約四百六十一キロメートル）。

侏儒国は鹿児島、身長の低い人々が住んでいた

＊三尺＝七十五センチメートル、四尺＝百センチメートル（魏尺による）

＊侏儒は古語……日本書紀巻第二十九天武天皇に侏儒《ひきびと》とあり、「滑稽なわざを職とするこ

びと」と注される。
＊侏儒は中国語ではほとんど死語であるが、〔zhūrú〕と発音され、こびとを意味する。矮人（ǎirén）と同意。こびと、という言葉は現在、差別用語になっている。

鹿児島県南種子町所在の史跡「広田遺跡」からは百五十七体の人骨が確認されているが、広田人は、北部九州の弥生人と比較して低身長であり、男性でも平均百五十四センチ、女性で平均が百四十三センチであるということが確認されている。北部九州の弥生人は、男性で平均百六十三センチ、女性で百五十二センチなので、十センチメートルの差がある。

この身長の差には、実は原因がある。広田遺跡で出土する頭蓋骨の後頭部の全てが扁平であることから、意図的に頭蓋骨を変形させる習俗があったと考えられるのだ。これは、幼児の頭が柔らかいうちに、頭に石を縛りつけ圧迫して平らにしたということで、頭蓋骨に施す整形外科手術のようなものである。

『三国志魏書』弁辰伝では「兒生、便以石厭其頭、欲其褊。今辰韓人皆褊頭」とある。弁辰は新羅の旧名である。新羅にもこの習俗があった。日本では広田人以外には発見されていない。

又有裸國、黑齒國復在其東南、船行一年可至。參問倭地、絶在海中洲島之上、或絶或連、周旋可五千餘里。

また、裸国（パプア）や黒歯国（ニューギニア）が侏儒国（鹿児島）の東南にあり、船で行くと一年ほどかかるという。倭の地と比較して住民に尋ねてみると、絶海の群島に点在していて、隔絶あるいは連結し、周囲を旋回すること五千里ほどだという。

裸国と黒歯国はパプアニューギニアだった

東南に裸国や黒歯国があると記されている。これは明らかに伝聞の記事。鹿児島から東南方向、水行一年となると、とんでもなく遠い。東南方向は太平洋の大海原しかない。そこに、周囲五千里の大きな群島があるというのである。信じがたいが、方五千里ということは、九州より大きい群島となり、パプアニューギニア島しかないのである。直線距離で四万五千五百九十五キロメートルである。

「参問倭地」と書かれるが、裸国・黒歯国はA官吏が自ら質問し、取材したと解せるのである。では、誰から聞いてみたのかというと、現地人に聞いたとしか考えられない。

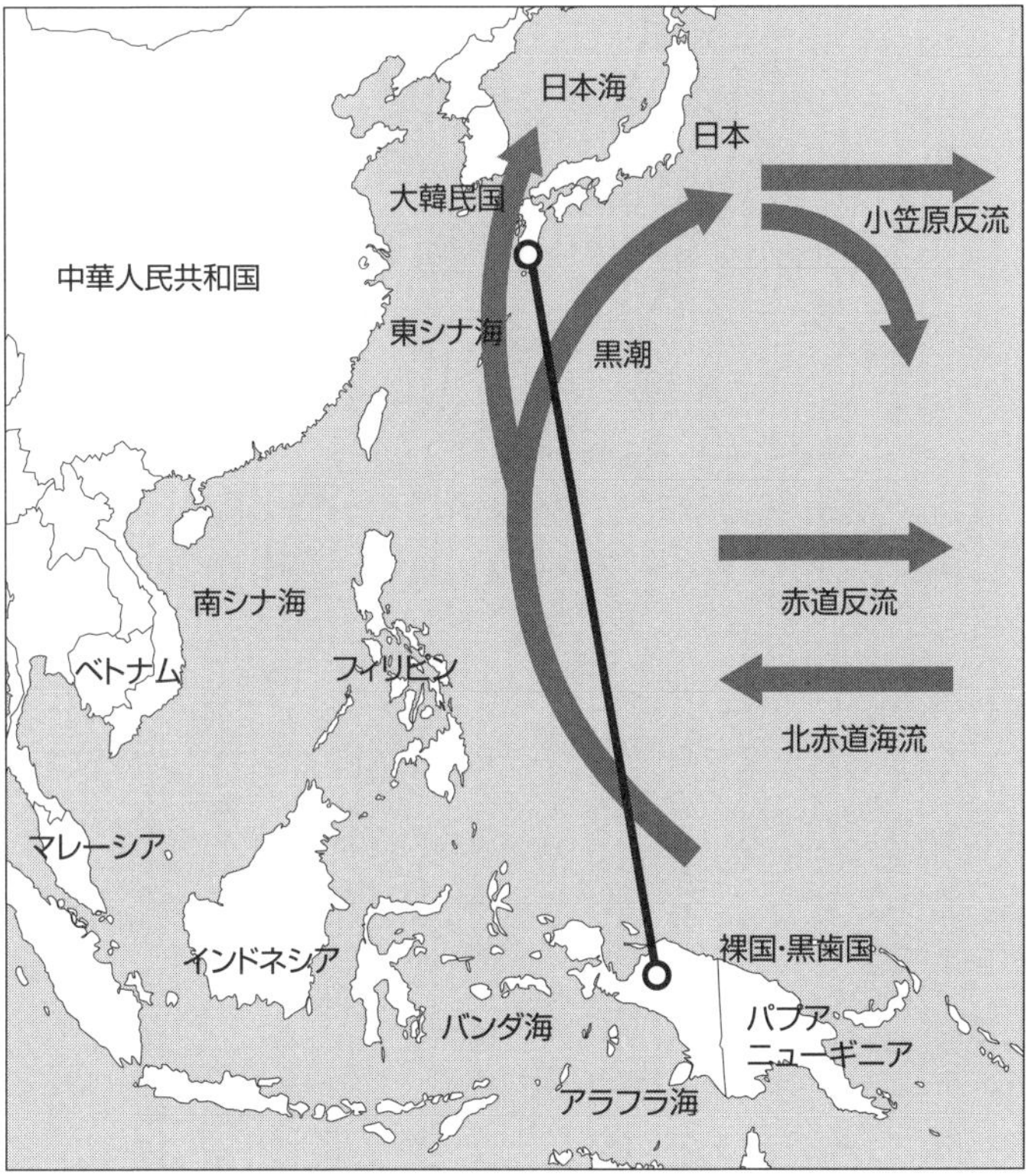

図29　裸国・黒歯国はパプアニューギニア（水行１年）

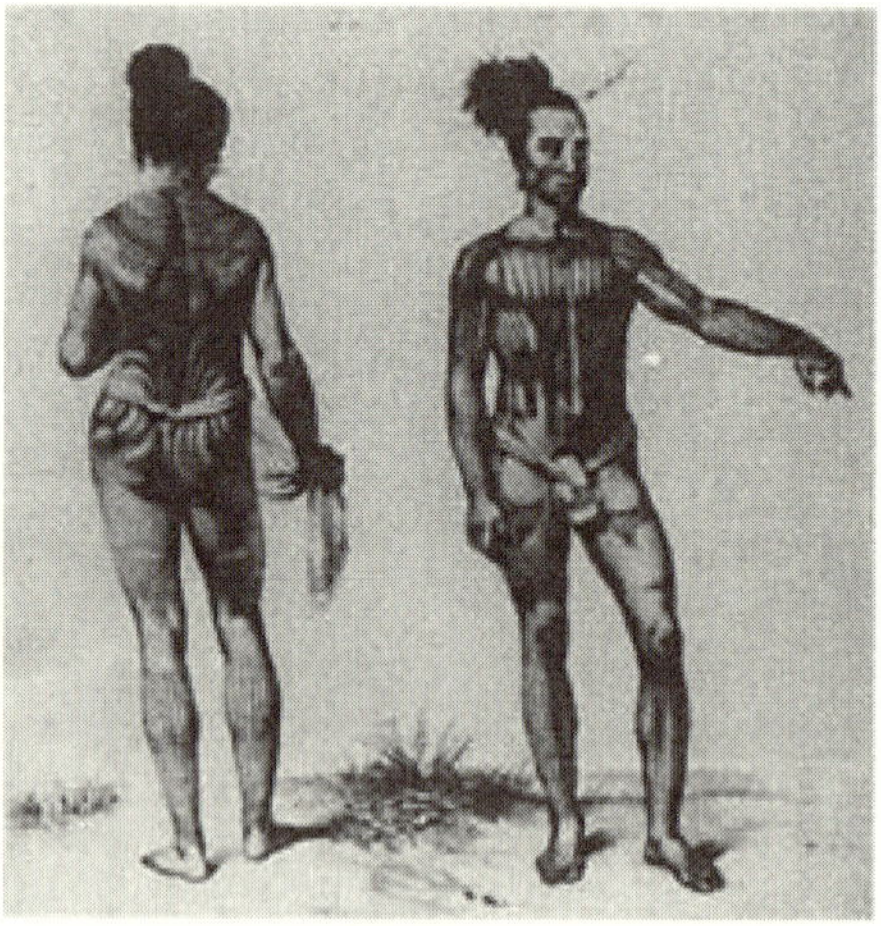

図30　ミクロネシア人の入れ墨　F・リュートケ画（1826−29）

薩摩の古老が語ったことによればとか、紀行文のように訳せばそんなところだろう。

　この広田人らしき古老が自ら語ったという仮定からは、驚くべき推理が派生する。図を地面に描いて「わしらはここから来た」と、自身の出自を語った、その場所が南洋諸島だったということだ。裸国・黒歯国も、おそらく文身黥面の種族（倭人）が住む国として認識して、倭人伝に記録したのだろう。先の、『儋耳』と『朱崖』、海南島にも別種の倭人がいるという記事と視点が同じなのである。

　実はカロリン諸島あたりから黒潮に乗ればカヌーでも鹿児島か紀州半島、駿河沖に着くことが確かめられている。

別種の倭人がこうした南洋諸島から渡海してきたことまでは陳壽が知る由もないだろうが、その可能性について考えてみよう。

二〇〇六年、東京大学の研究所によって、うなぎの産卵場所は、サイパン近海のマリアナ海溝にあるスルガ海山付近であることが特定された。ウナギの稚魚がはるか古代から日本へのルートをDNAに刻み込んでいたのだ。

このスルガは、ポリネシア語で「天国」という意味である。静岡の「駿河《するが》」の語源であるだろう。このスルガから黒潮に乗れば、たとえ漂流であっても船は鹿児島か紀伊半島、伊豆半島に着くのである。スルガの南洋渡航ルートは、富士山を目標に渡海していたのではないだろうか。葛飾北斎の「富嶽三十六景」から、富士山は海上からはっきりとその情景が見える。

オーストロネシア系の種族だが、日本人固有のY遺伝子、Dタイプ（ハプログループD）を持っていた。Dタイプは縄文遺伝子とも呼ばれ、縄文人固有の遺伝子で、日本人の大半が持っている遺伝子である。Dタイプ遺伝子を濃厚に持っている地域は、チベット、モーリシャス諸島、グアム、沖縄、中近東のトルコなどで、いずれも辺境にある。縄文遺伝子は、中国および朝鮮には全くないので、D遺伝子が縄文人から現代、日本人に引き継がれているという確かな証拠が出てきている。

■**熊本県八代市の河童伝説。**

熊本県八代市に、次のような伝説がある。

河童《かっぱ》＝「九千坊という文武に優れた指導者の率いる河童が来航し、八代に上陸した」。

さらに、「オレオレデライタ」という謎の言葉を八代の古老たちが伝えてきているというのだ。「オレオレ・デ・ライタ」という言葉を翻訳すると「呉人呉人的来多」になるというのである。つまり、河童は呉から来たという驚くべきことを告げたことになる。河伯《ハベク》族は、呉の会稽の江南や遼河・滦河《らんが》流域（渤海の沿岸）あたりから来たのだろう。

＊「北虜南倭」、北虜とは、北辺を侵略したモンゴル族、南倭とは会稽の南の倭人のことである。魏志倭人伝では海南島に倭人と同種の人々がいると書いているので、南の倭人の渡来として解釈しても矛盾はない。

帯方編

景初二年六月、倭女王遣大夫難升米等詣郡、求詣天子朝獻、太守劉夏遣吏將送詣京都。

景初二年（二三八年）六月、倭の女王卑弥呼が大夫の難升米らを派遣して帯方郡治に詣で、洛陽の天子（魏の皇帝）に朝献を求めた。魏の太守の劉夏《りゅうか》は、役人に命じて難升米ら一行を京都（洛陽）まで案内した。

帯方郡太守の弓遵《きょうじゅん》は帯方郡内の臣智らに攻撃されて戦死した

『三国志魏書』東夷伝　馬韓

「景初中、明帝密かに帯方太守劉昕《りゅうきん》（劉夏）・楽浪太守鮮于嗣《せんうし》を遣わし海を越え二郡（楽浪郡と帯方郡）を定む。諸韓国の臣智には邑君の印綬を加賜し、その次は邑長を与う。その俗、衣幘《いせき》を好み、下戸の郡に詣りて朝謁《ちょうえつ》するは、皆、衣幘を仮し、自ら印綬・衣幘を服するもの千有余人。部従事（役職）呉林、楽浪もと韓国を統べるを以って、辰韓八国を分割し以って楽浪に与う。吏訳転じ異同あり、臣智激し韓忿《いか》り、帯方郡の崎離営を攻める。時の太守弓遵・楽浪太守劉茂、兵を興しこれを撃ち、帯方郡太守の弓遵《きょうじゅん》は戦死したが、二郡遂に韓を滅ぼす」

東夷伝の馬韓では劉昕で、倭人伝では劉夏であるが、同一人物である。

倭人伝には景初二年と正始元年の間の出来事は書かれていないが、『三国志魏書』東夷伝　馬韓では景初三年～正始年間の出来事が書かれている。

明帝密かに帯方太守劉昕（倭人伝では劉夏）・楽浪太守鮮于嗣を遣わし海を越え二郡（楽浪郡と帯方郡）を定む。

これは明帝存命中の景初二年になるだろう。明帝は景初三年一月に崩御しているからである。

「二郡を定める」とは、公孫氏の冊封体制を魏の冊封にシフトしたのである。特に、公孫氏が新設した帯方郡をそのままにしたことは大きい。着任した太守は楽浪郡と帯方郡内の国邑の大人を詣でさせて金印や銀印を下賜したのである。その数、千人に及んだというのである。帯方太守劉昕・楽浪太守鮮于嗣は密かに派遣されたと書くのは、この印綬の加賜をする役割だけをもってやって来たのであろう。正始元年には帯方太守弓遵が着任しているのである。

部従事の呉林が帯方郡の南、卑弥呼に属さない馬韓の八国を魏に服属させようとしたのは、正始元年以降のことである。

辰韓の八国とは、帯方郡の南の馬韓の八国である。この八国は「女王に服属しない」国邑である。已有爰襄國、牟水國、桑外國、小石索國、大石索國、優休牟涿國、臣濆沽國、伯濟國（女王国の南の狗奴国）であると推定するが、該当国の文献証拠はない。これらの国々は呉の孫権の干渉を受けている国々である。魏の部従事の呉林は呉の孫権の覇権を除き、魏に服属させようとしたのである。さらに言えることは、この韓八国には呉の孫権が密かに派遣した羊衜(ようどう)の奇兵が潜んでいた可能性があるのである。

羊衜は景初三年、呉歴では赤鳥二年（二三九年）に、半島に軍を進めていた。公孫淵が敗北した翌年三月、遼東で魏の守将長持《ちょうじ》・高盧《こうろ》を撃ち、男女を捕虜とした。呉の介入は遼東だけでなく、楽浪郡や帯方郡などの傍郡の男女を捕虜とし、追い立てて略奪しながら引き上げるという献策を孫権に認めさせて孫呉兵を海路で派兵していたのである。呉軍が引き上げるさいに、奴隷狩りをして本国に連れ帰るという残忍性が呉軍の呉軍らしい特徴となっているが、韓八国の背後に羊衜がおり、楽浪郡や帯方郡にも侵攻していたことは否定できないのである。

その後の楽浪郡は、風雲急を告げる戦乱が勃発する。正始三年（二四二年）、魏に恭順していた高句麗の東川王が、突如、鴨緑江下流の西安平県を（現在の遼寧省丹東市付近）に侵攻を開始、正始四年（二四三年）には魏の幽州勅使・毌丘倹が高句麗と熾烈な戦いを展開していたのである。倭人伝の正始四年の条では「倭王は再び大夫の伊聲者掖邪狗ら八人を遣使として奴隷、倭錦、絳青縑（深紅と青の色調の薄絹）、綿衣、帛布、丹、木弣（弓柄）、短い弓矢を献上した。」と記録するだけであるが、倭国の周辺状況は北と南の両面とも戦乱の最中だったのである。

　正始元年に帯方太守弓遵が帯方に来て太守に着任したことは倭人伝で明らかなので、帯方太守弓遵と楽浪太守劉茂が崎離営の鎮圧に出向いたのは正始元年以降のことで、おそらく正始二年（二四一年）にまたがるのであろう。

　この韓八国の攻撃を鎮圧することには成功したが、弓遵は戦死してしまったのである。隠れ呉軍が捕虜を放棄して引き上げたとすれば、弓遵は高邁な武将であったということになるだろう。正始八年に弓遵の代わりに王頎が来ることになるのである。
＊二〇八年の赤壁の戦いでも明らかなように、呉は多くの艦船を保有していた海洋国家であったことはよく知られている。遼東や朝鮮半島への軍兵の護送はすべて船であったのである。

いわゆる景初二年か三年かの問題

『魏志』の東夷伝序文と公孫淵伝に基づいて、梁書の編者（六二九年）である姚思廉《ようしれん》、新井白石、内藤湖南らは、異口同音に、次のように述べている。

公孫淵が滅んだのは、景初二年八月だから、六月にはまだ魏は帯方郡に太守を置いてない。景初二年六月は、三年の誤りである。これが通説で、歴史教科書は全部これにならっているようである。景初二年は二三八年。公孫（燕）が滅んだのは八月で魏が帯方郡に大守を置くことはありえない。六月に魏に朝貢しているのはおかしいということなのだろうか。日本歴史年表では、公孫氏が滅ぼされた年を二三八年、倭の女王の遣使は二三九年としている。しかし、景初三年という年は、あくまで日本の神功皇后紀の引用文に基づいたもので、日本にだけしか通用しないという危うい一面がある。

神功皇后摂政三十九年に、「魏志にいわく、明帝の景初の三年六月、倭の女王、……朝献す……京都（魏の洛陽）に詣らしむ」の引用文がある。他方、魏志倭人伝の原文では、景初二年六月とある。原文は中国の正しい暦法で書かれているのだが、新井白石説では景初三年が正しいとするようである。

ところで、卑弥呼が帯方郡にいたとすれば、遼東郡の戦況はいち早く知ることができる。太尉司馬懿《い》に包囲され、籠城した淵の襄平《じょうへい》城内は「糧盡き、人相食らひ、死者甚だ多し」

という状況で、敗戦は誰の目にも明らかだった。襄平城は平壌から百九十キロメートル。馬で三〜四日、船で二日の距離である。公孫氏が創設した帯方郡を魏がどうするのか、予断をゆるさない状況だった。景初二年に劉夏がすでに帯方にやってきて戦後処理に動いているのである。六月の条では、原文に「太守劉夏」とあり、帯方太守とも楽浪太守とも書いていない。書いていないところに意味があるのである。

劉夏は、帯方郡を楽浪郡につけるか、そのまま帯方郡を残すかどうか決めるために来たのである。そこで、劉夏は二郡と定めた。結果、十二月の条には帯方太守劉夏と書かれ、海を越えて二郡をさだめた劉夏は、帯方太守として難升米と都市牛利を洛陽に遣使として送った。そして卑弥呼が倭王として金印徐綬（冊封）が実現しているのである。

景初二年六月と魏志倭人伝にある。その通りでいいのである。

＊襄平：現在の遼寧省遼陽市中心部。太子河を下ると遼東湾へと航路でつながっていた。
襄平城の位置は図3を参照のこと。

其年十二月、詔書報倭女王曰、制詔親魏倭王卑彌呼。帯方太守劉夏遣使送汝大夫難升米、次使都市牛利奉汝所獻男生口四人、女生口六人、班布二匹二丈、以到。汝所在踰遠、乃遣使貢獻、是汝之忠孝、我甚哀汝。

その年（二三八年）の十二月、魏の皇帝は詔書で次のように女王に返答した。

「倭女王である卑弥呼を親魏倭王と為す制詔を下す。帯方郡太守の劉夏が、汝の大夫の難升米《なんしょうまい》、次使の都市牛利らを洛陽まで引率し、汝が献ずる男の奴隷四人、女の奴隷六人、班布二匹二丈を届けさせた。汝の所在はとても遠いが、遣使を送って貢献してきたのは汝の忠孝を示すものであり、朕は甚だ汝の気持ちを喜ばしく思う。

今以汝為親魏倭王、假金印紫綬、裝封付帶方太守假授汝。其綏撫種人、勉為孝順。汝來使難升米、牛利涉遠、道路勤勞。今以難升米為率善中郎將、牛利為率善校尉、假銀印青綬、引見勞賜遣還。

今、汝を親魏倭王となし、金印紫綬と衣冠や幘《さく》など目録を記した詔書を授けるが、後日、帯方郡太守に送付して下賜する。汝、それ住民をいたわり安んじさせよ。また、勤めて孝順を尽くすよう住民を教化せよ。汝の使者の難升米、牛利は遠路はるばると来た労に報いて、今、難升米を率善中郎将、牛利を率善校尉と為し、銀印青綬を仮授し、朕が謁見を許して慰労を賜い、引率して送り還らせる。

＊仮授：本来なら王座で皇帝が制詔して叙授するのだが、下賜する品々は後で帯方郡太守

図31　幘

に付託して渡すので仮授としている。金印などは後で鋳造するためだ。
＊卑弥呼の使者として魏に出向いた二人には、「銀印青綬」が与えられた。

楽浪・帯方の大人は衣冠が大好きだった

「皆、衣幘《さく》を仮し、自ら印綬・衣幘を服するもの千有余人」

楽浪・帯方郡内には衣冠を自分で作って着用する者が千余人もいた。なりすましの自称王はたくさんいたようである。下級の身分の者でも、郡都に詣で謁見するとき、皆、衣冠を自分で作って着用したというのである。律令制では「大戸・上戸・中戸・下戸」の四等民にいたるまで、帽子を被ることをたいへん好んだ。

人気があるので、偽物が売り出されていたというのだ。

紗帽《サモ》は、官吏たちが官服着用の際にかぶった帽子。幘《さく》は頭巾のような冠に付ける飾り物で、その色や形で官職や身分が分かるようになっていた。赤い幘は漢代の標準的な武吏（武官）が着用し、侍中と中常侍は「趙恵文冠」といわれ、これに黄金の王當《みみだま》を加え、蟬《せみ》をつけて文様とし、貂尾《てんび》（イタチ科テン属）を飾りとした。

今以絳地交龍錦五匹、絳地縐粟罽十張、蒨絳五十匹、紺青五十匹、答汝所獻貢直。〔臣松之以為地應為綈、漢文帝著皂衣謂之弋綈是也。此字不體、非魏朝之失、則傳寫者誤也。〕

今、絳地《こうち》の交龍錦（龍が交わる絵柄の錦織）を五匹、絳地の縐《ちりめん》、粟罽《しゅうぞく》（縮みの毛織物）十張、蒨絳《せんこう》（茜色と深紅）五十匹、紺と青五十匹、これらを汝の献上品への返礼とする〔絳地交龍錦五匹の文字のうち、裴松之が考えるに「地」は「綈《てい》」でなくてはならない。漢の文帝が「皂衣《そうい》」と言うのは「弋綈《よくてい》」のことである。この字が間違っているのは魏朝の失敗ではなく、以前の伝写の誤りである〕。

女王の再現衣装（伊都国歴史博物館）は卑弥呼のイメージを一新した

卑弥呼がいたのは末盧国（糸島）ではなく、帯方（平壌の南）であった。しかも中華の貴人の娘だったことを加味すると、王冠をつけ、日本から贈られてきた真珠や勾玉の宝飾をふんだんにつけていたと考えられる。どうしてだろうか？

紺地の句文（文様入り）錦三匹、細班華（細かい花模様を斑にした）毛織物五張、白絹五十匹、金八両、五尺の刀を二口、銅鏡を百枚、真珠、鉛丹各々五十斤を賜う（魏志倭人伝：読み下し抜粋）。

魏の明帝は「特に汝に」と前置きして、卑弥呼にたいしての品々を特別に選んで賜っている。句文入りの錦（絹）、花柄の毛織物、白絹、真珠、鉛丹など、すべて女性を意識した贈り物だ。とくに鉛丹は白粉《おしろい》だ。おまけに銅鏡を百枚。銅鏡は単純に化粧道具と考えたほうが自然である。

銅鏡が女性の墳墓（黒塚古墳や前原古墳）から出るのは、埋葬者が、あの世に逝っても化粧に不便がないように入れただけで、呪術的な祭器ではない。卑弥呼は卜占だったから、鏡は呪術に使わない。卑弥呼が鏡を欲しがったというのは、ただの女心をそそる実用品だったといえよう。

ここに列挙された贈り物が、女性が好むものと括《くく》ると、鉛丹とは白粉《おしろい》のことだ。漢代の斤は、二百二十六・六七グラムと推定されているので、五十斤とは十一・三三キログラムに相当する。真珠を十キロというと、一個一・五グラムとして、七千五百粒、ものすごい量である。鉛丹を二百グラムに小分けすると、なんと二千二百六十六ケースである。これだけの化粧品を、皇帝が卑弥呼に特別に与えたのだ。卑弥呼が使わないものを贈るはずがない。一人では一生かかっても使いきれない量なのは、民にも分け与えて皇帝がいかに汝の国を憐れんでいるか示せと檄文がついていたからである。銅鏡が韓半島や日本からも発見されるのも、従属国にも分配したゆえと考えられる。

図32　伊都国歴史博物館女王復元写真

これらのことを総合すると、卑弥呼が質素な白麻の貫頭衣を着て、顔はすっぴんという（巫女のような）イメージであろうはずはないのである。

卑弥呼は白の貫頭衣ではなかった

魏志倭人伝には「婦人被髪屈、作衣如単被、穿其中央、貫頭衣之」とあるだけである。そこから、卑弥呼の装束も白の貫頭衣をベースにアレンジされることが多い。

ところが、前原古墳の女王の復元衣装はそのイメージを覆すものである。そもそも魏志倭人伝の女性の貫頭衣は会稽（南倭）の一般民衆の記述だ（既説）。

女王が女王らしい装束を着るのは当然のことで、その衣装や装身具には例外なく官女が着付けし、それなりに細かい作法《しきたり》があった。真珠のティアラやカチューム、真珠や勾玉の首飾り、瑪瑙《めのう》のカンザシやブレスレット、環状イヤリング、金のノリゲ、金糸の刺繍の花模様の靴など、女王に相応しい装飾具だったろう。ところが、通説によって卑弥呼が王府官選の神主（女王）に擬せられてしまったため、従来は女王の卑弥呼のイメージを間違って巫女風にデザインしてきたと考えられる。

又特賜汝紺地句文錦三匹、細班華罽五張、白絹五十匹、金八兩、五尺刀二口、銅鏡百枚、真珠、鉛丹各五十斤、皆裝封付難升米、牛利還到録受。悉可以示汝國中人、使知國家哀汝、故鄭重賜汝好物也。

また、特別に汝（卑弥呼）には紺地の句文（文様染め）錦三匹、細班華（細かい花模様がら）毛織物五張、白絹（無地の絹）五十匹、金八両、五尺の刀剣を二口、銅鏡を百枚、真珠、鉛丹各々（紅とおしろい）五十斤を賜う。いずれも目録を難升米、牛利に付託するので、帰還したら受けとるがよい。（それらの）すべてを汝は国中の人々に顕示し、魏国が汝に熱い親愛の情をもっていることを知らしめよ。それ故に鄭重《ていちょう》に汝によき品々を下賜したのである。

卑弥呼の鏡はたくさん複製された

卑弥呼は銅鏡などを女王国の九州の国邑にも贈った。それが日本で見つかる、いわゆる卑弥呼の鏡である。単なる鏡なので、コピーが日本でたくさん鋳造され、なんと七百枚近く見つかっている。

この銅鏡には景初三年の刻印があるが、魏の明帝が正月に死んでいるので、この刻印は明帝の喪《もがり》中の年号である。鋳型が製造年を間違うことはありえないのである。

銅鏡が日本で神器になったのは、天照大御神が、「此れの鏡は専ら我が御魂として、吾が前を拝《いつ》くがごとく、斎《いつ》き奉れ」（古事記・邇邇芸命／天孫降臨）と命じた。この古事記の記述から鏡が宗教的な意味合いをもったのではないだろうか。これに影響されていなければ、服装品や化粧品と一緒に女性に贈られる鏡はやっぱり実用品でしかない。

汝は国中の人々に顕示し、とあるので、皇帝から叙されたことの証しとして鏡を臣下に配ったのだろう。

＊古墳時代の魔除けの神具＝鈴・鏡・櫛・剣・桃の実・髪飾り・朱丹など（鈴はユダヤ教の魔除けでもあるが、鏡も魔除けの呪術品であるが、卑弥呼は卜占であったので、とくに鏡を用いた呪術ではなかった）。

＊赤系顔料には本朱（水銀朱＝硫化水銀）があり、天然の鉱石からつくられる。これは非常に高価であった。次にベンガラ（酸化鉄）がある。主に染料に使われる。次に、鉛丹といえば赤色顔料（赤色酸化鉛）で、これは腐食を防ぐ効果があるので、今日一般に錆止め塗料として使われる。神社の鳥居などの彩色には、本朱と鉛丹三割を膠《にかわ》七割に混ぜて使

図33　卑弥呼の鏡　景初三年の鋳出の三角縁神獣鏡

用する。卑弥呼が受け取った鉛丹が、赤い顔料か白い顔料かは判別しない。紅おしろいとして使った可能性は大きいが、白い粉（ファンデーション）には鉛系の鉛白（別称：ハニフ）と水銀系の水銀白粉（別称：ハラヤ）がある。伊勢《いせ》白粉《おしろい》の製造法は、水銀に赤土・食塩などを水でこねたものを約六〇〇度で四時間程熱して、「ほっつき」という蓋《ふた》についた白い粉を払い落とすというもので、白い粉なのである。伊勢白粉が流行したのは江戸時代のことだが、もともとは二種類の「おしろい」があったと考えられる。「翰苑」にも書かれる卑弥呼の「朱丹塗其身體」のイメージは高級な天然の水銀朱だろうが、丹《に》は口紅やアイシャドーや頬紅など

図34　女性の埴輪（大英博物館蔵）

の練り物で塗るタイプの化粧品だった。貴婦人を模った埴輪には顔に赤い化粧を施しているものがある。当時の顔料が超高級化粧品で、紅というよりファンデーションに使われたのだろうか？　庶民には買えない代物だったことは確かで、王妃や王女ぐらいの身分の高い女性たちが愛用した。

平原《ひらばる》王墓にも水銀朱が施されている

当時、丹は「に」と呼ばれていた。辰砂が水銀朱（朱丹）の原料だ。辰砂を含む鉱石の採掘は縄文時代から行われており、鉱石を細かく摩《す》り潰《つぶ》すため、石臼《いしうす》と石杵《いしきね》が使われる。なぜか、大阪の遺跡から多数発見されている。さらに水に通して不純物を除き、古墳の内壁や石棺の彩色や壁画に顔料として使用されていた。漢方薬や漆器に施す朱漆《うるし》や朱墨の原料としても用いられ、古くは吉野川上流や伊勢国丹生（現在の三重県多気町）などが特産地として知られた。吉野から伊勢、和歌山にかけて、丹生都比売《にうつひめ》を祭神とする神社が多数あるのはこうした理由があったのである。天武天皇の壬申の乱に挙兵・参加した豪族は、吉野、紀州、美濃、尾張、甲斐（信濃）から続々と集まった。はじめに結集したのは吉野、紀州（和歌山）で、ここには丹生都比賣を祭った神社が多い。「丹生族」の拠点だ。反乱軍は赤い旗を掲げ、赤帯を衣の上に付けて印とした。赤い丹塗りの軍装をしていたのだ。

奈良時代からは仏像の金箔の用途に水銀が欠かせず、「風炉《ふうろ》」を使って分離精製された。辰砂が鉄よりも高価で取引されたのはうなずける。魏志倭人伝はそんな辰砂が採れることを記録しているのである。

徳島市の鶴島山2号墳からは、辰砂で顔面が朱に染まった人骨が出土している。黒塚古墳や山原古墳にも、木棺内にはっきりと水銀朱が発見された。これらの朱丹は防腐効果も認められた酸化防止剤なのである。はじめ身体に塗られていたが、風化とともに棺の下に剥落したのだろう。その昔から納棺師がいて、丁重に水銀朱を施したのだ。

秦始皇帝は、金丹（不死の仙薬）をもとめて日本に徐福《じょふく》という人物を派遣した。煉金煉丹術では、人間は玄気を集中し丹薬を飲むことによって仙人になれると信じられていた。

中国では不老長寿の薬に使用され、長らく代々の皇帝が愛飲していた。また、魔除けや浄めにも使われていた。朱丹は超高級品で、辰砂の原石を見つけた鉱山師は三代働かなくても済むと言われていた。一獲千金、当然金銀よりも高価だったのであろう。水銀朱の白粉一箱で生涯楽に暮らせる財産になった。

正始元年、太守弓遵遣建中校尉梯儁等奉詔書印綬詣倭國、拜假倭王、并齎《せい》詔賜金、帛、錦罽、刀、鏡、采物、倭王因使上表答謝恩詔。

正始元年（二四〇年）、帯方郡太守の弓遵《きゅうじゅん》は建中校尉の梯儁《ていしゅん》らを派遣し、詔書と印綬を奉じて倭国（帯方）を訪れ、倭王卑弥呼に面会して下賜した。詔書と併せて、金、帛《しろぎぬ》、錦、毛織物、刀、鏡、采物（飾り物）を受け取らせた。倭王卑弥呼は使者に謝恩の答礼を上表文にて少帝（斎王）に奉った。

この下賜をしたのは、明帝ではなく後を継いだ少帝のときである。

正始元年とは……景初四年一月一日と同じであり、景初は三年で消える。明帝・曹叡《そうえい》は三十六歳の生涯を閉じ、あとを継いで、弱冠八歳の養子の斉王・曹芳《そうほう》が即位した。まだ年少であったので、明帝の后であった郭《かく》皇后（大后）が垂簾聴政《すいれんちょうせい》を行った。大将軍の曹爽《そうそう》と太尉司馬懿《しばい》がこれを補佐するという体制となった。明帝は既に亡くなっており、卑弥呼への詔書と金印・帛・錦・刀・景初三年の鋳出がある三角縁神獣鏡などの数々の贈物は、三代皇帝少帝が正始四年になって遣史を使って渡したのである。皇帝の諡号がないので、本来斎王としか書けない。少帝というのは死後に遡ってつけられた諡《おくりな》である。司馬懿のクーデターによって、たった十五年間で廃位に追いやられた。

拝假とは「呼んで与える」ということで、直接対面して贈物を渡すことである。

建中校尉の梯儁《ていしゅん》らが〝倭国〟に詣でて卑弥呼に直接顔を合わせているのである。そこで、卑弥呼の居城があるところが倭国＝女王国となる。倭国に卑弥呼がいたという等式はここで成り立つのである。大同江の下流の南浦が平壌の外港だったといわれる。この一帯の由緒ある城は箕子朝鮮の準王が築いた王倹城である。武帝はこの地域に漢四郡を設置したが、その中心的存在となった楽浪郡の首都も王倹城であった。王倹城が平壌城と名称を変えたのはいつのことか不明である。公孫氏がこの地に勢力を及ぼしたときはまだ王倹城だったようである。だが、現存する平壌城はまったく高句麗式の城構えで、卑弥呼の当時の面影はまったくない。

さて、郡治から使者が詣でたということから、大和説であれ九州説であれ梯儁が日本に来たことにしないとつじつまが合わなくなる。このため、「魏志倭人伝」で陳寿が記録した邪馬壹国の情報源がこの梯儁の報告であり、梯儁が二四〇年に邪馬台国に来たとするのである。本書では不明とし、A官吏として記述した。

其四年、倭王復遣使大夫伊聲耆、掖邪狗等八人、上獻生口、倭錦、絳青縑、緜衣、帛布、丹、木弣(弣に改字)、短弓矢。掖邪狗等壹拜率善中郎將印綬。

正始四年(二四三年)、倭王は再び大夫の伊聲耆《いせいき》、掖邪狗《えきやく》ら八人を遣使として奴隷、倭錦、絳青縑(深紅と青の色調の薄絹)、綿衣、帛布、丹、木弣(弓柄)、短い弓矢を献上した。掖邪狗らは率善中郎将の印綬を拝授した。

其六年、詔賜倭難升米黃幢《こうどう》、付郡假授。

正始六年(二四五年)、難升米に、黄幢を帯方郡治に付託するという詔を発した。

郡太守の弓遵が戦死したあと、王頎はまだ着任していない。郡太守が空白だったのだ。黄幢は郡治に付けておくということだ。黄幢を帯方の地に送る約束をしたということで軍事的にバックアップするという強い皇帝の意志を表したのだ。仮授というのは口頭で与える約束をしたことにすぎず、さらに郡を通して渡すということは、いつ渡すかは郡太守に任される。その黄幢が難升米に授けられたのは、正始八年、王頎が郡太守として着任し、長政が来たときで、二年間後に実現したのである。黄幢は「皇帝ここにあり」という象徴の軍旗である。皇帝は一人であるから、何本もあるものではない。正始六年に詔をだし、正始八年に現物の黄幢が難升米の手元に渡ったのだ。

其八年、太守王頎到官。倭女王卑彌呼與狗奴國男王卑彌弓呼素不和、遣倭載斯、烏越等詣郡説相攻撃狀。遣塞曹掾史張政等因齎詔書、黄幢、拜假難升米為檄告喩之。

正始八年（二四七年）、魏の王頎《おうき》が（帯方郡治の大守に）着任した。倭の女王卑弥呼と卑弥弓呼《ひみここ》（高句麗の東川王《トンチョンワン》、諱は優位居）とは、もとより不和であった。

卑弥呼は載斯、烏越らを（帯方郡治の）太守王頎《おうき》に詣でさせて、（魏軍と）相呼応して高句麗を挟撃する戦術を説明した。（その報告を聞いた少帝は）臨楡関《リンユカン》〈遼寧省碣石山《かっせきさん》・長城が始まる起点。明・清代の山海関〉の塞曹掾史《さいそうえんし》（辺境軍政官）である張政《ちょうせい》らを派遣し、黄幢《こうどう》を難升米に拝仮させ、檄文（軍事行動を起こす発令）を添えて詔書を告諭した。

■王頎の計略

『三国志魏書 夫餘傳』

「正始中幽州刺史毋丘儉討句麗遣玄菟太守王頎詣夫餘位居遣大加郊迎供軍糧」

「幽州刺史の毋丘儉《かんきゅうけん》が高句麗を討つため、玄菟《げんと》太守の王頎を扶余に派遣。位居《いこ》は大加を郊外に派遣して出迎え、王頎に軍糧を提供した。」

正始年間の初め、麻余は扶余王として晋平郡にいた。

正始六年（二四五年）幽州刺史の毋丘倹が高句麗を討つため、玄菟太守の王頎を扶余に派遣した。王頎が玄菟郡太守だった間に、扶余（晋平郡）に自ら出向いて、麻余に同盟と派兵を要請にいったのだ。

麻余の佐治をしていた牛加の位居は、大加（官名）を郊外に派遣して王頎を歓迎し、軍糧を提供した。王頎とともに軍事行動にでたのは麻余である。すると、同年に黄幢の詔を受け取った難升米とは麻余である。

王頎は考えた、濊が高句麗に服属し反旗を翻したが、さらに寝返るとますます高句麗は強勢となる。高句麗と濊・沃沮を分断するには、遼西にいる扶余王を帯方に連れてくるのが一番だ。扶余王が対高句麗戦に参戦すれば、濊や沃沮の諸加は扶余王につくことになる。沃沮は東扶余の王城があった故地である。こう読んだ王頎は、遼西に赴いて麻余王を帯方に連れてくることにした。この年、黄幢を詔した（第二の）難升米が、実は遼西扶余王、麻余である。

　難升米が初めに倭人伝に現れるのは、卑弥呼が金印紫綬を拝授した二三八年の条だ。ここで、帯方にいたことが確認できるのは簡位居《カンイゴ》である。簡位居は六月に洛陽に出向いたが、その年のうちに死んでしまった。従って、第一の難升米は簡位居である。

　簡位居には嫡子がなく、諸加が庶子の麻余を共立した。したがって、麻余は景初三年（二三九年）には遼西扶余で扶余王についた。麻余は遼西と帯方の両城を相互に往来していたのである。これを両政時代という。帯方は尉仇台《イグデ》が国を建てた。その嫡子が簡位居、簡位居の庶子が麻余である。卑弥呼が帯方太守に叙され、女王となっているが、その国の麻余は男系血族の王である。よって、卑弥呼の死後に立った王は麻余である。

　このことを理解するには、百済郡と帯方郡という海を越えた両郡が扶余という一国だったことを知らなければならない。

　難升米こと麻余は、王頎の要請で、帯方に兵を伴って移動、自ら出兵することにしたのである。正始八年（二四七年）、王頎が帯方太守に着任すると、難升米は黄幢を拝下されて（実物を渡される）、いよいよ高句麗討伐に出撃したと考えられる。

『三國志　魏書　巻二十八　王毋丘諸葛鄧鍾伝　裴松之注』
「六年　復征之　宮遂奔買溝　儉遣玄菟太守王頎追之」

正始六年（二四五年）、毋丘倹は第一次征討をおこない、高句麗王の「宮」（宮とは東川王〈諱は憂位居〉のこと）はついに買溝《ばいこう》へと逃亡したので、玄菟郡《げんとぐん》太守の王頎にこれを追撃させた。東川王は妻子と嶺東の濊の不耐王の元へ逃げ、五月、王頎は濊の不耐王城を攻め、勝利の銘文を残した。このとき、王頎は東沃沮（東北部の日本海側）まで遠征しているのである。王頎は自身が高句麗、東川王と戦っている最中だった。同年、帯方太守の弓遵が殺され、難升米に黄幢を郡の裁量付きで与える詔書が発せられている。

南沃沮に逃亡した王に追随したのが被征服部族出身の家臣だけだったことも興味深いが、沃沮は東扶余初代王である解夫妻《ヘブル》が建国した迦叶原《カソボル》（沿海州）の地である。古《いにしえ》の槀離《こり》国で、句麗国の旧名であるとも伝えられている。岔陵水とも書かれた河は、豆満江《トマンガン》である。琿春南部の防川から図們江《トムンガン》（豆満江の旧名）に沿って約二十キロ下ると、日本海にたどり着く。

岔陵というのは沿海州の琿春《こんしゅん》あたりだろうと推測する。漢の東部都尉治があったのは不而県で、王が不耐城に逃げ込んだということから、やはり五部族のうち貫那部《カンナ》・順奴部《スンナ》の非主流部族しか王に追随していなかったようで、主流派の椽《ヨン》那部（消奴部）・桂婁部《ケル》・提那部（絶奴部）は非戦派だったことが読めてくる。つまり、毌丘倹の許しを請うために、王は九月に暗殺されたと見るのである。

毌丘倹は二四六年八月、将兵一万で玄菟城から侵攻し丸都城を占領した。同八月、魏軍の虚をついて、高句麗は佐将の真注を遣わして楽浪郡を襲ったが、毌丘倹の将軍、劉茂を恐れて奪った民は返したと伝える。一説では、宗廟も民も移動した遷宮であるとする。しかし、毌丘倹に敗れて逃亡を図った東川王にそんな力は残っていなかった。王の直属の正規軍はたかだか数百の兵力だったろう。楽浪郡の中心部、平壌城に侵攻することはできるはずもない。楽浪郡侵攻を否定する説も多い。

この平壌略取は正始六年（二四五年十月）、伯済の古爾《こい》王の軍事行動である。古爾王は呉と同盟していたので動機は十分である。呉の半衛の陽動作戦はまんまと成功した。楽浪郡に攻め入って住民を略奪したが、魏軍が矛先を転じるのを恐れて略奪した男女を放棄して撤退した。古爾王は兵を高句麗の軍に擬装して、楽浪郡に南平壌（長寿山城）を築いた。そこに東川王が一時、入城したのだろう。

正始八年（二四七年）、毋丘倹は八月に猛攻をかけ、十月に丸都城をようやく落とし、撤退した。これは予定の撤退だったろう。冬将軍がくる前に帰還しないと兵の損失が計り知れないからだ。十月はぎりぎりの時期なのだ。弓遵の後任に、王頎が玄菟郡太守から帯方郡太守として転任してきた。この年の春ごろだろう。王頎はただちに卑弥呼に出撃を要請し、卑弥呼がこれに応じたのである。だが、東川王は翌正始九年二月（二四八年）にはすでに南平壌を去っていた。その九月に暗殺され芝原に葬られた。殉死者多数と伝えられる。

こうした王頎の正始中の行動からみて、卑弥呼が九州の熊襲と戦ったという根拠はみじんも見当たらないのである。

■後東扶余の王系（伯済系王統除く）

都頭王・慰仇太王・簡位居王・麻余王・依慮王（依慮）・依罗王（依羅）・玄王・余蔚王

右の系譜は「後東扶余」の系譜。扶余の初めは東扶余で（前三世紀）、北扶余から解扶《ヘブ》婁《ル》が分岐独立。金蛙《クムワ》王―帯素《テソ》王と続くが、高句麗第三代王無恤《ムヒュル》によって滅ぼされる。その後、帯素王の弟・曷思《カルサ》が曷思国を建国（遼江の下流域）。この曷思王の孫に都頭がいた。高句麗の第六代の太祖大王《たいそだいおう》（在位：五三年―一四六年）の時、六八年に、都頭王は高句麗に投降して于台の官を授けられた。しかし、その子の慰仇太は遼東に逃げて扶余王を名乗り、やがて公孫度にかわいがられて強大化した。

＊難升米というのは、固有名詞ではなく扶余王を意味する中国語の慣用語ではないだろうか。後に師升という言葉が使われたのは、倭王讃が普に初貢献したときの晋側の呼び名でもあった。串刺して共通するのは扶余、百済などで、これを一括《ひとくく》りにしたような用語であろうか。

＊王頎人物伝：『三國志　魏書　巻二十八　王丘諸葛鄧鍾伝　裴松之注』
「世語曰　頎字孔碩　東莱人　晉永嘉中大賊王彌　頎之孫」

『世語』にいう。王頎は字《あざな》を孔碩《こうせき》といい、東莱《とうらい》（幽州）の人。晋の永嘉年間の大賊・王彌《おうび》は王頎の孫である。

＊裴《はい》松之《しょうし》（三七二年～四五一年）は、中国の東晋末・宋初の政治家・歴史家。河東郡

聞喜県（山西省聞喜県）の人。字は世期。裴珪の子。陳寿の『三国志』の「注」を付した人物として知られる。

卑弥呼、高句麗との開戦を決断する

公孫氏と尉仇台《イグデ》は、高句麗と何度も交戦した敵であった。卑弥呼と東川王とが不和なのは、もとより当然である。卑弥呼は載斯、烏越らを派遣して、帯方郡治の太守王頎《おうき》に、（魏と）相呼応して高句麗を挟撃する戦術を説明した。つまり、王頎の要請に呼応して参戦の意志を伝えたということである。その報告を聞いた少帝は長城守備隊（遂城・臨楡関《リンユクアン》）の曹掾史《そうえんし》（参謀長）である張政らを派遣し、黄幢《こうどう》を難升米に拝仮させ、檄文（軍事行動の発布）を添えて詔書を告諭した。いよいよ帯方郡が高句麗と開戦したのである。

日本歴史年表に、二四七年、倭女王卑弥呼・狗奴国王卑弥弓呼《ひみくこ》と戦う……と書かれているが、狗奴国王卑弥弓呼は誰なのかは全く書かれていない。

通説のほとんどが、狗奴国は九州の南部とし、卑弥弓呼を熊襲の王としているようである。筑紫と熊本以南の辺境の蛮夷の国同士の紛争に、どうして中国皇帝が黄幢を与え、王頎や長政が関わるのか、まったく理解に苦しむ。狗奴国王卑弥弓呼は高句麗国の東川王《トンチョンワン》である。このとき、歴史年表では、二四二年、魏の田丘倹《かんきゅうけん》が高句麗を討ち、丸都城を抜く……と書かれているが、二四五年、高句麗が態勢を整えて南平壌城を築いたことはあまり書かれていない。高句麗が楽浪郡に押し寄せたことを歴史家はありえないと考えるようである。

黄幢とは皇帝を表わす軍旗のようなもの。黄色は皇帝が独占する色だ。授拝した方は皇軍となるのはもちろんだが、黄幢があると魏の皇帝がその陣にいるという目印となる。「朕は汝とともに戦地にいる、よく敵を倒せ！」というような意味を持つ（檄文もおそらくこんな内容だったろう）。

敵は「高句麗」である。大同江の対岸、目と鼻の先にある平壌城に居座っている高句麗をどうしても楽浪郡から追い出したかった。尻に火がついているような緊迫した状態だったのだ。

＊最後の行の詔書は攻撃命令である。黄幢が渡されたことはストレートに出撃を意味する。

＊詔書は告諭と相対句となっている。

＊帯方郡太守が、魏が派遣している官としての太守と、卑弥呼が任じられた帯方太守とは

大守が重複しているが、魏の皇帝の官史が上位にある。郡大守と大守と一文字の違いがある。
＊假授・拜假とは、假は偽だが、仮の意味でとる。皇帝は口頭の詔だけで、賜物などの現物を手渡すのは制作をしてから後日に渡すのである。銅鏡の制作年が詔の翌年になるのはこのためである。
＊東川王（高句麗の第十一代の王〈在位：二二七年—二四八年〉）
＊塞曹掾史の「塞《さい》」は、辺境との境にある要害の地を意味する。『淮南子〔時則訓〕第五』には「碣石《かっさき》在遼西界。朝鮮楽浪之県也」とある。楽浪県は、はじめ万里の長城の起点である碣石山の東側に置かれていた。この地は、国境警備の要塞の地で、臨《リン》楡《ユ》関《クアン》と呼ばれていた。万里の長城の防衛線を塞《さい》ともいい、鮮卑などが万里の長城を越えて侵入することを「塞《さい》に入る」などという。また、明代では、関を基点に、中華を関内・蛮夷の辺境の地を関外と呼んだ。
＊曹掾史は皇帝直属の参謀指揮官と解される。将軍と同等の位かそれ以上と思われる。

張政は高句麗に奪われた楽浪郡を奪い返すために来た

高句麗は、二三六年七月、呉の使者を斬り捨ててその首を魏に送り、直後、魏の改元を祝う使者を遣わした（二三七年）。魏の司馬懿《しばい》が公孫淵を討つ際に、高句麗は兵を派遣して魏軍を援助する（二三八年）など、魏に傾いた外交をしていた。

ところが、公孫氏が滅んだ後、二四二年に高句麗東川王は遼東の西安平県（尉仇台の北扶余の根拠地）を襲撃した。一説によると、朝議を無視した独断先行だったようである。西安平県は壊滅した。このことが、魏が決定的に高句麗を討伐しようとした契機となった。魏は扶余を助け、遼東郡の再起をかけて軍を動かした。

毌丘倹は王頎を帯方太守として派遣した（二四八年）。この事態を解決するために、王頎に密命を持たせた。

この時点で、すでに卑弥呼は高句麗と決戦する決意を固めていた。『狗奴国の男王卑弥弓呼（高句麗の東川王）は、もとより不和であった』がこれである。王頎に対し、女王国として援軍を出すことを卑弥呼から申し出た。そこで太守王頎が皇帝に報告すると、皇帝はすぐさま長政を遣わし、黄幢を難升米（麻余王）に賜わし、檄を木簡に記して告諭した。

難升米は皇軍の指揮権をもって出陣した。二四五年〜二四八年、魏と帯方倭国軍は平壌奪還のために出撃したが、東川王はすでに丸都城に戻っていた。もともと打撃を受けていた高句麗が平壌を威嚇してきたような形なので、民と全軍を置くような遷宮とは違う。だが、高句麗の兵は手強く一進一退の戦いだったのだろう。二四七年中に、難升米は戦死してしまった。

ともあれ、卑弥呼はこの戦いの最中に死亡した。卑弥呼が戦場で死んだのかどうかは不明である。「以て死す」を拡大解釈すれば、可能性はあるが、高齢だった卑弥呼が戦場に行った可能性は極めて低い。だが、黄幢の陣には王がいなければならないのが常識である。全く否定することもできないのである。

＊高句麗の王宮は国内城《クンネソン》、その近くの山側に丸都城《ファンドソン》がある。平時は平城《ひらじろ》の国内城で、戦時には王は丸都城に入城した。丸都城は難攻不落の山城で、およそ一万の兵が入れた。数万の敵軍が来ると、山城に籠って持久戦を行うのが高句麗の戦法。敵の補給線を断つために、攻撃しては負けたふりをして後退を繰り返し、中へ中へと敵軍を引き込む。中国は、平原の戦いでは馬や兵の数で敵を圧倒することができたが、山間部ではそうはいかない。これを誘引策といい、兵糧を断って中国の大軍を撃退することができた。

狗奴国は「句麗国《くりこく》」と訳せる。高句麗の礎となった元の国名である。王を立てて高句麗《コグリヨ》となったのである。

句麗国は卒本を中心にした部族連合国だった。

「元は五族あって、それは涓奴加《ソノカ》、絶奴加《チョルノカ》、順奴加《スンノカ》、灌奴加《クアンノカ》、桂婁加《ケルカ》である。絶奴加は代々王と婚し、加古雛と号す」

「涓奴部は本来の国主、今は王になれないとはいえ、大人（部落の長）を統べることが適い、古雛加の称号を得て、宗廟を立て霊星（辰の方位神）や社稷を祀ることもできる。絶奴部は代々王妃を出すことから古雛加を号する」

高句麗というのは、高氏の「高」と句麗国の句麗が合わさって出来た言葉で、朱蒙《チュモン》を王として共立し、建国された国である。涓奴部《ソノブ》が本来の国主で、絶奴部は代々王妃族であった。

はじめ朱蒙は解氏であったが、鶻昇骨《フルスンゴル》の王、高豆莫《コツモ》の娘の婿となり、王位について高氏に改姓した。鶻昇骨は忽本城《チョルボンソン》の旧名で、「句麗国《くりこく》」の本貫である。「句」の文字は「加」

図35　五女山

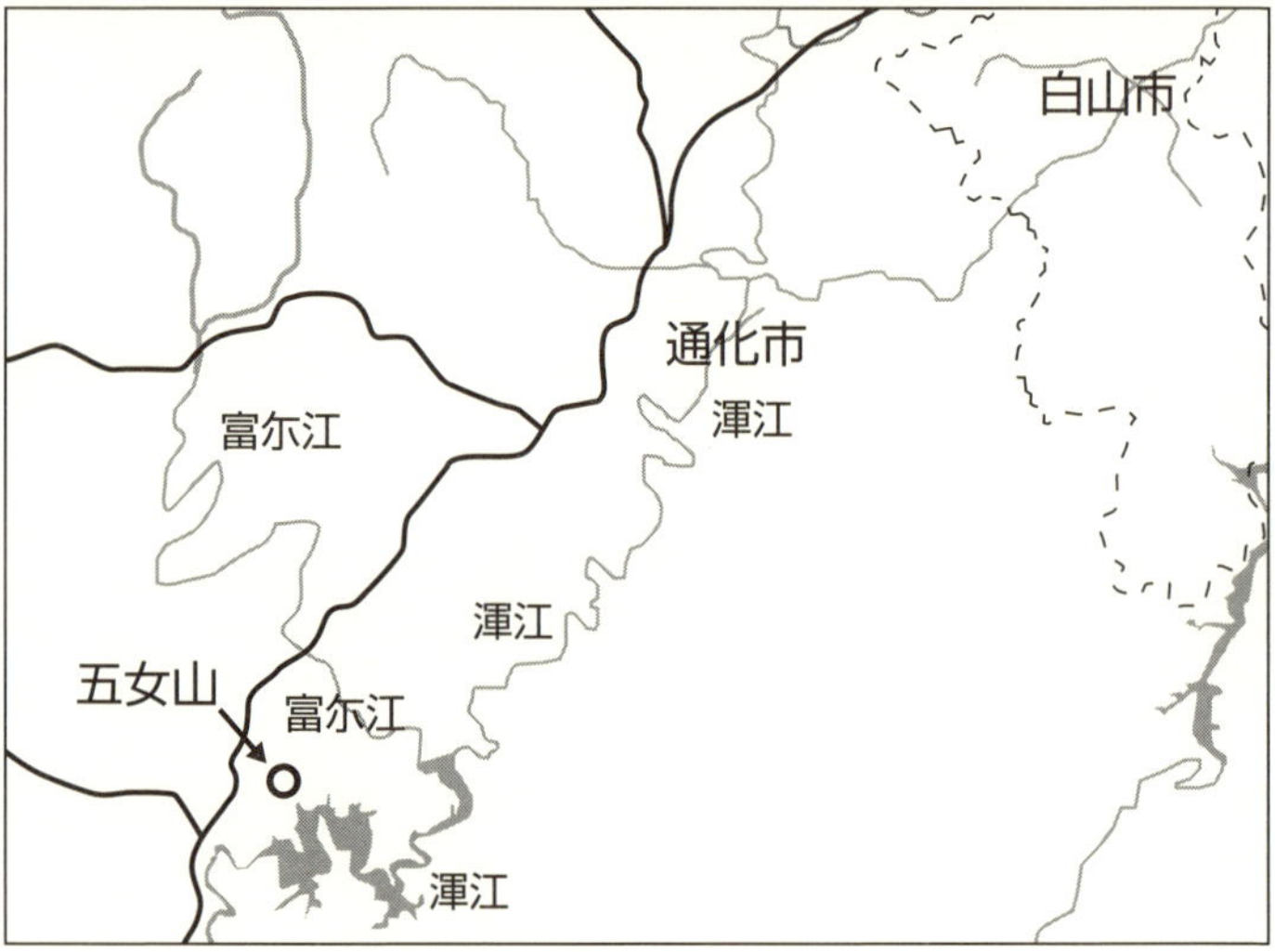

図36　五女山地図

と同じで、族長や高官の称号であり、モンゴルの「汗《カン》」と同じである。「加」の区分に動物名をあてがっている。→虎加（諸加統率）、馬加（文書）、牛加（農業生産）、熊加（国防）、鷹加（刑罰）、鷺加（保健）、鶴加（道徳倫理）、狗加（地方官統率）の八加があった。

涓奴部は、やがて桂婁部《ケルブ》に王を出す資格を奪われるようになっていく。高句麗になってから大加は諸加のメンバーとなり、「傳薩《ヨクサル》」と言った。

鶻嶺山《オウリョウサン》は現在の五女山《オニョサン》【中国語 = wǔ nǚ shān】である。鴨緑江の支流である渾江《ホンガン》（旧：佟佳江《とうかこう》）の中流にあり、中国遼寧省桓仁満州族自治県桓仁鎮の北八キロメートルに位置する。海抜は八百四メートル。ここには、「高句麗始祖碑」が建てられている。八坂神社の社伝の牛頭山とはここである（牛頭大王とは誰かは、次刊で詳述する）。

卑彌呼以死、大作家、徑百餘歩、徇葬者奴婢百餘人。
卑弥呼はすでに死に、大きな墓を作る。直径は百余歩、殉葬する奴婢は百余人。

卑弥呼は高句麗戦の最中に死んだので墓は日本にはない

「扶余の習俗では、有力者が死ぬと、夏期であればみな氷を用い、人を殺して殉葬する。多い時には殉葬者が数百人に達する。死者を厚葬し、遺体を納める棺《ひつぎ》があるが槨《かく》はない。また、喪に服すこと五月、久しきを以って栄とする」

この文章を見てもわかるとおり、殉葬者の棺墓が被葬者の周囲にたくさん出ないと、卑弥呼の墓とはいえない。大伽倻系墓の王墓で殉葬墓があり、円墳中央に竪穴式石室（主石室）を設け、これを囲んで三十基ほどの小石室・石棺からなる殉葬棺《ひつぎ》を配置していた。普通、主埋葬者の周囲に置かれるもので、加羅地方では二、三の殉葬者の遺体が取り囲む首長級の墳墓も発見されている。日本では徇葬者奴婢百人という大きな殉葬墓はまだ見つかっていない。「まぼろしの邪馬台国」の宮崎康平氏には気の毒な気もするが……。「直径は百余歩」の表記から、卑弥呼の墓は円墳である。また、横穴式磚槨墳《せんかくふん》か、支石墓系かも分からないのだ。まして、前方後円墳であるという根拠はどこにもない。

箸墓《はしはか》は、宮内庁が倭迹迹日百襲姫尊《やまとととひももそひめのみこと》の陵墓と指定している。意富美和《おほみわ》（大三輪）の王后の墳墓としていることに、なにか謎があるのだろうか。
最近，新聞紙上に箸墓が日本最古の前方後円墳であるとして、卑弥呼の墓だと世間を賑《にぎ》わせているが、箸墓は全長二百八十メートル余りの前方後円墳である。卑弥呼の墳墓は、魏の歩からは直径百四十四メートルである。箸墓は、卑弥呼の墓としては大き過ぎるのである。

更立男王　國中不服　更相誅殺　當時殺千餘人。
更新して立った男の王（麻余）は、国中が服さず、さらに（謀反《むほん》が起きて）千人余りが互いに誅殺しあった。

卑弥呼の死後の乱は男王に対する謀反だった

卑弥呼の死後、男王が立った。この男王は麻余である。正始年間の扶余王は麻余しかいない。この王の死去は正始八年（二四七年）である。壹輿が王となったのも正始八年である。奇妙な符合である。

「一字を以て褒貶を為す」、すなわち「一字を変えることにより、そこに隠された意味をもたせる」というのである。ここに陳寿の筆法がある。ここでは「相誅殺」という文字があり、これは敵がはっきりしていて、弾劾して殺すという意味がある。そこで、男王が立つときなら王位争いも考えられるが、男王がすでに立ったあとに起きた事件である。国中が服さなかったということで判断できる。

では、王に起こる事件はなんだろう。謀反である。麻余王は馬加、牛加、猪加、狗加（都是夫余官名）の諸加によって共立された。だが、麻余は简位居の庶子（側室の子）であったため、王位が盤石ではなかった。牛加の長子の叫位居が大使として政務をこなし、麻余に仕えていた。王頎が扶余に来た時、郊外に出向いて軍の兵糧を用意したのは、この牛加叫位居だった。

『三国志魏書　夫餘傳』

「季父牛加有二心位居殺季父父子籍没財物遣使簿斂送官」

「位居の末の叔父に叛く心が有ったので、位居は叔父とその子を殺した。財産を没収して記録し、遣使して、没収物と帳簿は官に送った」

牛加の叫位居の叔父に二心あって、とは、謀反を起こしたという意味である。叫位居はこの叔父の一族郎党を殺した。それは、倭人伝が書く、一年間で千人あまりが武闘したという事件にあたる。麻余はこの謀反の直後の正始八年に死んでおり、結局、男王麻余が死んだことを契機に壹輿が十三歳で王に擁立されたのである。

『三国志魏書』扶余伝

「舊夫餘俗水旱不調五穀不熟輙歸咎於王或言當易或言當殺麻余死其子依慮年六歳立以為王」

「昔の扶余の習俗では、水害、干害の不調で五穀が実らないときは、王に罪をかぶせ、代えるべきだと言ったり、殺すべきだと言ったりした。麻余が死に、その子の依慮、年六歳、が立って王になった。」

ここでは、麻余の死の原因を暗示するようなことが書かれている。五穀が実らないときは、王を咎めて代えるべきだとか、殺すべきだとか言ったりしたというくだりである。

麻余が死んだあと、扶余王には六歳の依慮が共立された。依慮は、帯方で倭人である壹輿が王位についたので、遼西晋平郡に引き返した。依慮は頻繁に西晋に朝貢していたが、武帝（在位二六五年～二九〇年）の太康六年（二八五年）、鮮卑慕容部《ぼようぶ》の慕容廆《ぼようかい》に襲撃され、国を奪われて海に入って自害した。

依慮が自害したことを憐れんだ武帝は、扶余を救援する詔をだした。だが、護東夷校尉の鮮于嬰が従わなかったため、彼を罷免して何龕《フーカン》をこれに代えた。明年（二八六年）、依盧の後王の依羅が遣使を送って何龕に救援を求めてきたので、何龕は都督の賈沈《カシン》を遣わして兵を送り、今の遼寧省開原市に扶余国を再建させた。賈沈は慕容廆と戦い、これを大敗させると、扶余の地から慕容部を追い出すことに成功し、扶余を復国させることができた。

復立卑彌呼宗女壹與、年十三爲王國中遂定

もう一度、卑弥呼の宗女壹與《いよ》を、十三歳で王に共立することになった。国中が遂に治まった。

壹與《いよ》は卑弥呼の孫である

宗女壹與が十三歳で王になった。壹與を再び女王に立て、帯方郡は治まった。

宗女を「王宮の祖廟を守護する宗教的権威を正統に引き継ぐ者」とする解釈もある。ここでは、祖廟とは宗廟とも王廟ともいい、初代太祖の廟号から代々孫孫を祭る霊廟のことだ。それら祀られる最初の主神を鬼神という。

倭人伝では、宗女卑弥呼も、宗女壹興も宗女を冠するが、この二人が同じ祖禰《そねい》なのである。

翰苑の倭国の項（抜粋）

「臺与は幼歯にして方に衆望に諧う。文身鯨面《ぶんしんげいめん》、猶太伯の苗と称す。」

翰苑によれば、壹興は太伯、周王朝の苗裔であるとしている。卑弥呼も太伯の苗だった。すると氏をもって同族とすれば、祖禰は周朝の姫《き》氏に帰結するはずである。壹興は卑弥呼と血統を同じくする関係である。

帯方の衆人は、北方の民を蛮族として嫌っていたため、もろとも麻余を王にすることに反対だったのだ。「更立男王国中不服」は、そのことを言っている。

年齢的には卑弥呼の孫にあたる世代だが、血統を同じくするには、

一、卑弥呼の直孫
二、卑弥呼の叔父の曾孫
三、卑弥呼の兄弟の孫

卑弥呼と壹輿が同じ氏姓を持つ要件は、以上の三つである。

壹輿が卑弥呼と同祖であると考えるには、卑弥呼に子女があったのか、その家系が問われることになる。

卑弥呼は公孫度の子女であったが、その時から一貫して母方の氏姓だったのだろう。系図がなく、あえて傍証をとると、尉仇台の子、簡位居は嫡子と中国史に記される。嫡子とは正妃の子である。尉仇台の妻だった卑弥呼が、その格から夫より貴人で、尉仇台の正后であることを疑うわけにはいかない。

私見であるが、卑弥呼には子があったと推測する。卑弥呼に子がなかったという文証があるのだろうか。聖職である巫女のイメージに擬せられた呪縛としかいいようがない。

壹輿の後に男王が立ち、中国から爵命を受けたと梁書諸夷伝　倭の条に書かれる。卑弥呼と壹輿まで守った太祖の廟号が扶余王の王廟に継がれたのだろうか。数世代後に、倭の五王が登場するのである。

政等以檄告喩壹與、壹與遣倭大夫率善中郎將掖邪狗等二十人送政等還
因詣台獻上男女生口三十人貢白珠五千孔青大句珠二枚異文雜錦二十匹

「張政」らは檄を以て壹與に王となす告諭をした。壹與は倭の大夫の率善中郎将「掖邪狗」ら二十人を遣わして張政らを臨楡関まで護衛した。
よって、同行した率善中郎将「掖邪狗」ら二十人は臨楡関の高桜（台）に詣でて、男女の奴隷三十人、真珠五千、ヒスイの勾玉二枚、異文雑錦二十匹を献上した。

男王をめぐる謀反が終焉したのは、麻余王が死んだためだ。壹與は十三歳で王に共立された。

一字を変えることにより、そこに隠された意味をもたせる、例えば「薨」の一文字は、暗殺されたという意味を含む。

加えて、何かを書かないことによって意味を持たせることもある。

「長政らが檄を告諭して壹與を王となした」という文章には、何かが欠けているのである。皇帝の詔書がないのである。この年は正始九年（二四九年）に違いない。その正月に少帝と曹爽が明帝の墓参に出かけた隙に、司馬懿が挙兵して洛陽を制圧した。曹爽は即刻大将軍の地位を罷免され、五日後には謀反の企みがあったとして一族郎党が処刑された。高平陵の乱とも、正始の政変とも言われている。九月に少帝は廃位されているのだが、翌年の正始十年は三月まであり、四月から嘉平元年になっている。その間、皇帝は事実上空座だったと考えられる。壹輿を王にするも詔が出ず、あえて言うなら司馬懿が命じたのだろうか。

他方、高句麗の東川王は、この前年の九月に死んでおり、中川王が即位していたが、喪中であったので高句麗も戦う余裕がなく、戦況は休止状態だったろう。

張政はおそらく魏の政変によって上から突然帰還命令を受けたのだろう。壹輿はこの年、王に叙されたとは言えないのである。長政が別れを惜しんで壹輿に何かを諭しただけかも知れないのである。壹輿が諸加に共立され王となったというのも、あの男王・麻余が薨じたためで、壹輿はすでに墓の下にいるような即位だったろう。

臨楡関《リンユクアン》（遼寧省碣石山・明代の山海関）の曹掾史（軍政官）である張政は、嘉平元年（二四九年）、帰還することになった。

臨楡関まで張政らに同行した「掖邪狗《えきやく》」ら二十人は、そのまま臨楡関に詣でて、男女の奴隷三十人、真珠五千、ヒスイの勾玉二枚、異文雑錦二十匹を献上した。

率善中郎将「掖邪狗」らは、洛陽に詣でたのではなく、ここでは台に詣でたとある。台とはよく見晴らしがきく高く建てた建物という意味で、何らかの高楼のことである。したがって臨楡関の主閣、現存する鎮東楼（十二メートル）に当たるだろう。臨楡関は後の明・清代の天下第一関「山海関」である。古来、地政学的に重要な地で、ここを境に中国を関内、辺境を関外と区別していた。塞に入る・塞を出るという意味も、同じ長城の中に入る・出るという意味である。

なんと、一九三三年（昭和八年一月）に関東軍が史上初めて山海関を通過したと伝わる。

＊『史記』「太康地理志」では「楽浪遂城《らくろうついじょう》有碣石山長城所起」、碣石山が長城の起点で楽浪の遂城《ついじょう》があったところだと記録する。隋・唐代では臨楡関となり、現在、山海関といい、かつて十万の常備軍が配置されていたこともあったという。

＊文帝が二二一年に陵雲台を築く、東巡台を築く、九華台を築くとあり、台とは複数の城楼で構成された建物（閣）のことである。台閣というばあい、台と閣は一つの構造物である。用途は皇帝が造営していることから離宮と解釈できる。

第二章　卑弥呼の正体

卑弥呼の履歴を推定する

一七四年	大燕国の宗女卑弥呼生まれる。一歳
一八九年	父・公孫度が遼東太守に任命され拡張期に入る。卑弥呼はうら若い王女だった。(十五歳)
二〇〇年	卑弥呼、尉仇台と結婚。女王に共立され帯方の乱を治めた。(二十六歳)
二〇三年	尉仇台が朝見し、漢の献帝《けんてい》から印綬金綵を賜った。(二十九歳)
二〇四年	父の公孫度亡くなる。(三十歳)
二一四年	夫の尉仇台を亡くす。未亡人になる。(四十歳)
二三八年	卑弥呼、明帝から金印紫綬を賜る。(六十四歳) 仇台の嫡子・簡位居死す。 公孫氏が滅亡する。
二四〇年	小帝から贈物を賜わる。(六十六歳)
二四七年	女王卑弥呼、魏と連合して高句麗の平壌攻撃。 卑弥呼死す。(七十三歳)

二四八年　男王麻余立つ。
二四九年　麻余死す。
　　　　壹興立つ。

＊下の（　）内は卑弥呼の年齢。

「年已長大、無夫婿」（夫婿 fūxù ＝夫）とあるが、ここは卑弥呼は、すでに年をとったので夫はいないと読む。止まって読めば、卑弥呼に夫がいたことになる。公孫度は尉仇台に宗女＝娘の卑弥呼を妻として与えた。

卑弥呼は公孫氏の子女だった

初平元年（一九〇年）、遼東郡太守の公孫度は中原の大混乱に乗じて、遼東地方に独立政権を立て、朝鮮半島の西北部をその支配下に入れた。

『晉書巻九十七列傳第六十七 四夷倭人』
漢末倭人亂攻伐不定　乃立女子爲王名曰彌呼、宣帝之平公孫氏也其女王遣使至帯方朝見・・・其後貢聘不絶、及文帝作相又數至・・・

漢の末、倭人亂れ攻伐して定まらず。
乃ち女子を立てて王と爲す。名を彌呼と曰う。宣帝（司馬懿）の平ぐる公孫氏也。
其の女王、使を遣し帯方に至り朝見す。其の後、貢聘絶えず。
文帝（司馬懿の次男・司馬昭）、相と作《な》るにおよび、又、数至る。

卑弥呼は司馬懿が滅ぼしたあの公孫氏の娘だと読める。王后、王妃は実家の姓で呼び、夫の姓を使わないので、第三者が卑弥呼を「公孫氏」と呼ぶことはない。
しかし、卑弥呼が公孫氏の娘だと西晋が知っていながら卑弥呼を滅ぼさなかったのは、卑弥呼は別の姓を持っていたからだ。文帝になって、さらに朝貢が増えたと伝えているのである。

公孫度、宗女を以て尉仇台の妻となす

『三国志魏書 東夷伝　扶余』

夫餘はもと玄菟に属す。漢末、公孫度海東に雄を張り、外夷威服し、夫餘王尉仇台さらに遼東に属す。句麗・鮮卑強なる時、夫餘二虜の間にあるを以て、公孫度、宗女を以て妻となす。


右は、公孫度が夫余王尉仇台に実の娘（宗女）を嫁がせたという文証である。

この場合の「宗」は、いまでも芸などの家元のことを「宗家」と言うように、正統であることを示す。ここでの宗女は卑弥呼のことであると考える。

したがって、「宗女」は「正統の血縁である子孫」ということになる。

やはり「宗女」の意味は、自らの祖禰《そねい》を守る者でいい。

卑弥呼は周朝の天児、姫《き》氏だったのか

『翰苑の倭国の項』（全文書き下し）
山に憑《よ》り海を負うて邪馬壹国を鎮《ちん》し、以て都を建つ
職を分かち官を命じ女王に統ぜられて部に列せしむ
卑弥は妖惑して翻って群情に叶う
臺与は幼歯にして方に衆望に諧う
文身鯨面《ぶんしんげいめん》、猶《なを》太伯の苗と称す
阿輩鶏弥《はへきみ》、自ら天児の称を表わす
礼儀に因りて評（帙）し、智信に即して以って官を命ず
邪《なな》めに伊都に届き、傍らに斯馬《しま》に連なる
中元の際、紫綬の栄を受け、景初の辰、文錦の献を恭しくす

『翰苑の倭国の項』（全文意訳）
山を背に、海に面した邪馬臺国を鎮《しず》め、都をおいて支配する

職を分けて官を任じ、女王の朝廷に統括されて部に序列する
卑弥娥は惑翻して群情にかない、臺與は幼歯でまさに衆望にかなう
呉の会稽に出奔し文身黥面に変身した周朝の太伯の苗裔だと称す
阿輩雞弥（大君）、自ら天児の称を表す
礼儀によりて秩をしるす。すなわち智信、もって官を命じる
邪馬臺国は伊都に届き、傍ら斯馬に連なる
光武帝の中元の際　紫綬の栄誉を授かり
明帝の景初の時、模様入り錦のささげものを奉る

＊憑山負海鎮馬臺以建都……一行目通説の「山に憑り海を負おうて馬臺に鎮し、もって都を建つ」は誤り。「山に憑り海を負おうて馬臺を鎮し、もつて都を建つ」が正しい。
＊阿輩鶏弥、あへきみは大王《おおきみ》、または大君の音写。「大王は自ら天児の称を表わす。」大王は卑弥呼と壹與のこと。
＊「邪に伊都に届き、傍らに斯馬に連なる」…「邪馬臺国は伊都国に届き、傍らに斯馬に連なる」は、卑弥呼が支配監督するところで、邪馬臺国は支配地である。

太伯《たいはく》は司馬遷の「史記 一本紀」に見いだせる。

周の古公の長子に太伯《たいはく》、次男に虞仲《ぐちゅう》があった。さらに太姜《たいきょう》という賢婦との間に李歴《りれき》という子があった。この李歴の子に昌《しょう》という子があり、この昌に聖なる瑞祥があった。そこで古公は、李歴とその子・昌にわが世を伝えようと欲していた。そのため、太伯と虞仲は洛陽から呉の荊蛮に出奔した。そこで、蛮俗の如く文身断髪（入れ墨をして髪を切ること）した。周の王族に相応しくない風体になり、あえて李歴に帝位を譲ったというのである。

＊荊蛮は会稽が中心都市。卑弥呼の苗とは、卑弥呼は太伯と同じ周王朝姫氏の苗裔である。すなわち黄帝と周朝の天子の血を引くと解釈できる。

聖瑞があったとされる李歴の子の昌は、周の「文王」である。「文王」の次が「武王」で、有名な「太公望」が軍師として登場してくる。周朝初期を、孔子はユートピアとして描きあげ、それを後代に見習うべき模範として伝えた。三国時代まで、周皇帝は天皇《てんこう》として諸国の王の上に立つ存在だった。

周の「武王」が立ったのは、紀元前一〇五〇年。『翰苑』を書いた張楚金《ちょうそきん》は、卑弥呼は司馬遷の伝える「太伯」と同じ周王朝の末裔だと伝えているのである。周の武王は姫氏、燕国は周の武王の弟、召公奭《しょうこうせき》が始祖である。宗廟の大祖は姫氏である。卑弥呼は燕国に所縁《ゆかり》があるので召氏の可能性も残される。

隋書には、倭の使いが「大夫」と称していたと伝える。魏志倭人伝には卑弥呼の使者が「大夫」、その役所名を「大率」だと記す。会稽で王となった無余の遺使もまた「大夫」と称していた（会稽編参照のこと）。これらは周朝の古くからの官名と役所名なので、どうして東夷の国がこんな古い言葉を使うのか、中国側は真相が分かるのである。

燕国は、鮮卑慕容が領有する前は、周の武王の弟、召公奭《しょうこうせき》が始祖である。公孫氏はもともと華人で、漢の下級の役人であった。公孫度が遼東で隆盛になったのは、燕国の高貴な王族・召氏を妻にしたからではないかと思われる。ゆえに、後に公孫淵が燕王と自称することができたのだろう。

＊翰苑は六六〇年頃に成立した中国の古文書で、唐の張楚金の撰、雍公叡の注からなる史書。後漢書以降の後世の歴史研究書で、正史ではない。大宰府天満宮に写本が現存する以外に、同類書が存在しない。
＊燕国の首都は薊《けい》で、現在の北京市である。
＊周王朝のシンボルは龍であった。

＊修飾語が体言・用言の後ろにある文法を逆行構文という。古代中国では、南半分は逆行、現在の北京方言を含めて北方言語は順行構文である。例を挙げると、「日本語」「語日本」、「赤い花」「花赤い」と逆転する。

＊中国の貴人は生まれてから一生髪を切らなかったらしい。髪を切られるのをひどく嫌う。また、首を切られると二度とこの世に生まれ変わることができない。古代中国では子々孫々の恩讐を絶つため首を切り落とした。首と胴体が離れるとあの世に逝けなくなり、妖霊になると信じていたらしい。

＊前一〇〇〇年頃、有名な武王が殷の安陽を攻略した。周は現在の西安あたりにあった西域の小国であったが、周を建国する。武王の姫王朝の言語はアルタイ語の一つで、トルコ系言語だったようだ。——ということは、日本語と同じ膠着語だった。

尉仇台《イグデ》は、後扶余と分岐して高句麗と果敢に戦うようになった。二〇〇年頃、高句麗が一万の兵を率いて玄菟城（漢の都督）を囲むと、扶余王は嫡子の尉仇台に二万の兵を率いさせて援軍に遣り、高句麗軍を壊滅させた。翌年、再び高句麗が馬韓，濊貊《わいはく》と共に遼東へ侵攻したので、兵を派遣して打ち破った。卑弥呼の夫である男王とは、高句麗の遼東への侵入を抑えるため果敢に戦ったのだ。結果、公孫氏は遼東太守の立場から、この尉仇台を洛陽に赴かせて印綬金綵を皇帝から賜わるようにはからった。献帝五年（二〇三年）、『魏志夫餘伝』には「遣嗣子尉仇台印闕貢献天子賜尉仇台印綬金綵」とある。この時は嗣子《しし》とあり、尉仇台はまだ扶余の太子であった。

二三八年、「遼隧の戦い」で公孫淵が死んだとき、魏の毌丘倹《かんきゅうけん》が漢が郡治を置いた玄菟城《ヒョンドソン》に入城した（第一次玄菟城のこと）。探すとまだ宝物が残っていた。濊城は戦っていないのに、そこの王はまるで亡命者のようだったと記録される。印璽には「濊王之印」とあった。この金印は扶余王尉都頭《いとど》（尉仇台の父）が受けとったものだろう。鈕は鹿だった。白鹿は「扶余」のシンボルで神聖動物である。

このように、鈕はそこの王の象徴的動物を模するものなのである。とくに特徴がない国には亀の鈕が使われる。

＊「帯方東南海の中」は「帯方東南海に接する沿岸」と読む。

公孫氏は滅亡し、司馬一族は魏の権力を完全に掌握した

明帝の命令で司馬懿《しばい》が公孫淵の討伐に出陣した。

司馬懿は徹底した持久戦（兵糧攻め）を行い、その思惑通り、公孫淵軍の国城・襄平《じょうへい》城《じょう》の食料は底をつきた（二三八年遼隧《りょうすい》の戦い）。襄平城は要塞であり、城内外に三十万人の人口があった。公孫淵は人質を差し出して助命を嘆願した。このとき、公孫淵の使者に対して司馬懿は次のように言った。

「戦には五つの要点がある。戦意があるときに戦い、戦えなければ守り、守れなければ逃げる。あとは降るか死ぬかだ。貴様らは降伏しようともしなかったな。ならば残るは死あるのみよ。人質など無用である」

公孫淵は子の公孫脩とともに数百騎の騎兵隊を率いて包囲を突破して逃亡したが、司馬懿は追撃して公孫淵親子を斬り殺した。城は陥落し、司馬懿は公孫淵の高官たちを斬り、遼東の制圧に成功した。公孫淵の首は洛陽に送られた。洛陽に留まっていた兄の公孫晃の一族も死を賜ることになり、景初二年（二三八年）八月二十三日に遼東公孫氏は滅亡した。

しかし、その後の処置は苛烈なものであった。中原の戦乱から避難してきた人々が大量に暮らしていた遼東は、いつまた反魏の温床になるかわからないという未然の策で、司馬懿は十五歳以上の男子を数千人（一説に七千人ほど）殺し、京観（首を積み上げて高楼にする戦勝の記念塔）を築いたという。これについて『晋書』は、「王朝の始祖たる人物が、徒に大量の血を流したことが、ひいては子々孫々に報いとなって降りかかったのだ」と批判している。

公孫氏の事績を追ってみよう。

二〇四年　公孫度の子公孫康が楽浪郡の南に帯方郡を設置、韓を勢力下に置いた。
公孫康は後漢に服属し、左将軍の官位を授けられた。

二二八年　公孫康の子公孫淵は叔父公孫恭から位を奪いとった。

二三六年　公孫淵は魏に臣従を装いながらも、呉と同盟工作を行うなど密かに独立を謀る。
皇帝曹叡から上洛を求められると、公孫淵は魏に反旗を翻し、燕王を称した。
一度は魏の幽州刺史毋丘倹の軍を退けた。

二三八年　太尉司馬懿の討伐を受け、首都襄平に包囲されて一族郎党ともに滅ぼされた。

◆参考：公孫氏の活躍年代

①　孫延

②　孫度　一八〇年～二〇四年

③孫康二〇四年〜二二八年……④公孫恭二二八年〜二二八年
⑤孫晃……⑥公孫淵二二八年〜二三八年─×……公孫脩

公孫康の子公孫淵は叔父公孫恭から位を奪いとった。
公孫淵は魏に臣従を装いながらも、呉と同盟工作を行うなど密かに独立を謀っていた。

＊司馬懿《しばい》（一七九年─二五一年九月七日）は、後漢末期から三国時代にかけての武将・政治家。字は仲達《ちゅうたつ》。
二三八年には呉と連動して反魏的行動をとっていた遼東の公孫淵を討ち、魏における勢威を不動のものとした。直後に明帝曹叡も崩御し、その直前に幼い曹芳を魏宗室の曹爽と共に託された。しかし、曹爽との間に確執が生じ、司馬懿は一時的にその実権を奪われた。二四九年に司馬懿はクーデターを起こし、曹爽一派を誅滅した（高平陵の変）。これにより司馬一族は魏の権力を完全に掌握し、西晋が建てられると、廟号を高祖、諡号を宣帝と追号された。西晋の礎を築いた武人。

第三章　倭の五王の正体

さて、卑弥呼と並んで古代史に大きな謎を残すのが倭の五王である。倭の五王とは、中国の史書に記述のある倭の五人の王、すなわち讃、珍、済、興、武のことだが、倭の五王が歴史上の誰に比定されるのかに関しては、日本の歴代天皇に比定するなど、これまでいろいろな説が唱えられてきた。

それでは、こうしたガラパゴス化した諸説に、これから一石投ずることにしよう。

百済国と伯済国が地勢的にも血脈的にも異なる国だったことは、あまり知られていないようである。

紀元前三世紀頃、周朝から派生した燕という国、地勢的には現在の中国の遼寧省にあたる地域であるが、そこが百済という国の発祥の地である。本書では、遼西扶余と通称し、伯済と合体した後は百済と呼称するようにしている。巷間、温祚《オンジョ》系百済という用語は完全に間違っている。

公孫氏の膨張により尉仇台《イグデ》は帯方郡に国をつくった

『宋書』巻九十七・列傳第五十七（百済国条）
「百濟國、本與高驪倶在遼東之東千餘里、其後高驪略有遼東、百濟略有遼西。百濟所治、謂之晉平郡晉平縣」

「百済国はもと高句麗とともに遼東の東千里余りのところにあった（北扶余のこと）。その後、高句麗が遼東を制したので、百済は遼西を略有した。百済の治するところは晋平郡晋平県である」

晋平郡晋平県の南西約五十キロメートルとみると、そこは万里の長城の起点にあたる山海関である（図37）。

＊遼東を制したのは高句麗王第六代太祖大王（四七年――一六五年・在位：五三年――一四六年）。

百済は一体どこにあったのか

遼西晋平郡は尉仇台扶余の本拠地であり、百済とはもともと尉仇台から分岐した異端の扶余である。この遼西晋平郡から万里の長城の起点である山海関とは目と鼻の先である。「倭讃、万里貢を修む。遠誠宜しく甄《あらわ》すべく、除授を賜うべし、太祖の元嘉二年、讃また司馬曹達を遣わして表を奉り方物を献ず」

倭王讃が万里の長城に奴隷を送って修復工事を行ったという記録である。晋平郡からわずかな距離に長城があったからだ。「讃また司馬曹達を遣わして表を奉り方物を献ず」とあるが、司馬曹達とは臨楡関《リンユクァン》にいた中国の将軍であろう（「史記」の司馬遷もそうだが、司馬氏は晋の武人の姓に多い）。九州あるいは大和の王が万里の長城を修復し、司馬曹達が綬拝に手を貸すような政治力があろうはずがないし、その記録もない。

『梁書』巻五十四・列傳第四十八（百済条）

「其國（百済）本與句驪在遼東之東　晋世　句麗既略有遼東　百濟亦拠有遼西　晋平二郡地矣自置百濟郡」

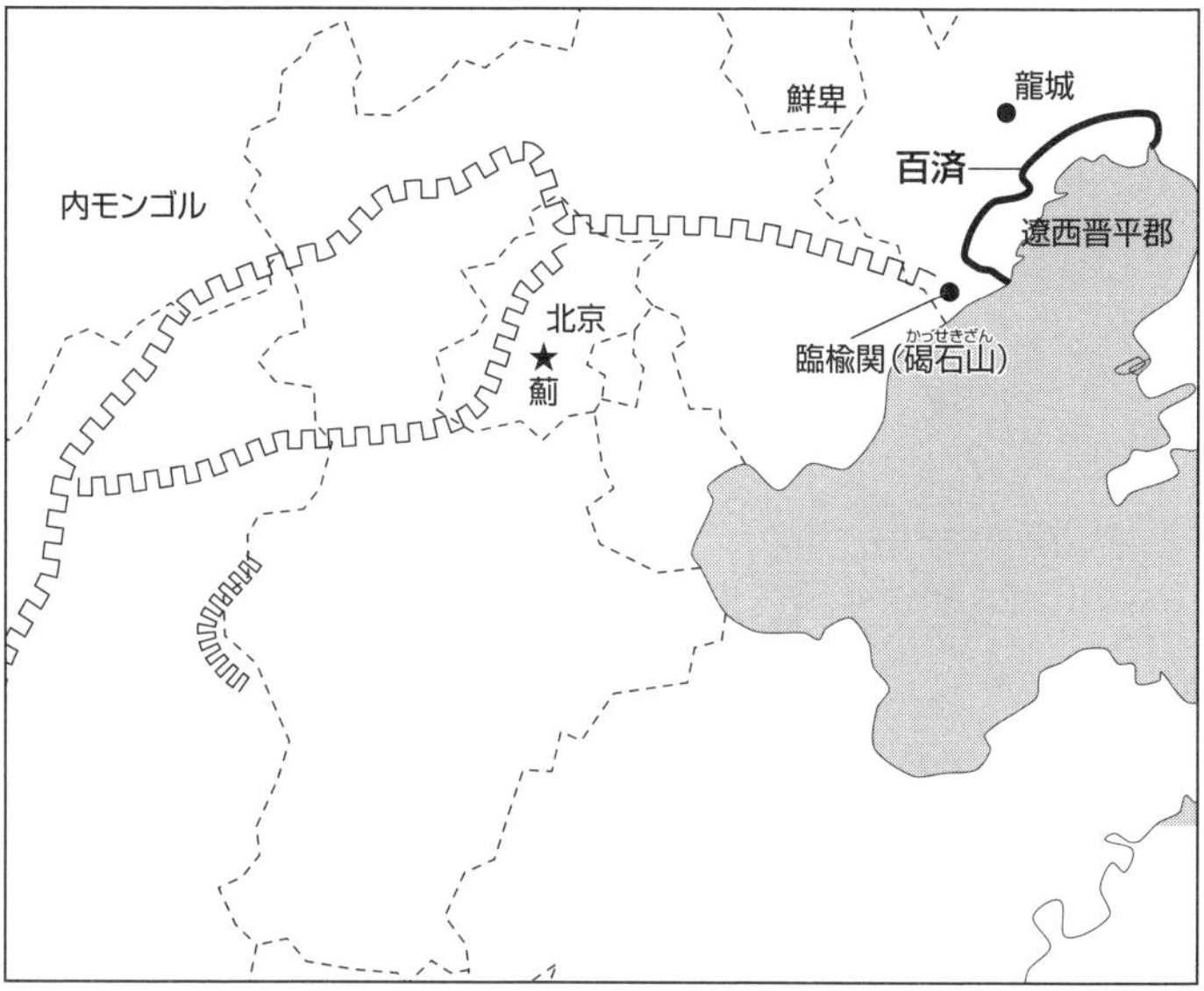

図37　万里の長城の起点、臨楡関（明代の山海関）と百済

百済はもと遼東の東にあった句麗国である。晋代の世に高句麗は遼東を略有して、また、百済は遼西晋平二郡を拠有（拠所として持つこと）し、自ら百済郡を置いた（図37参照）。

『周書』巻・列傳（百済条）

「百濟者、其先蓋《ケ》馬《マ》韓之屬國、夫餘之別種。有仇台者、始國於帶方」

百済は蓋馬韓の属国であったが扶余の別種である。尉《イ》仇《グ》台《デ》という者が帯方にはじめに国を建てた。

『魏書』巻・列傳（百済条）

「有仇台者、篤於仁信、始立其國于

帯方故地。漢遼東太守公孫度以女妻之、漸以昌盛、為東夷強國。初以百家濟海、因號百濟」

「尉仇台《イグデ》という者があり、仁信に篤があった。初めて帯方の故地に国を建てた。漢の遼東太守の公孫度の子女を妻とし、次第に繁栄して朝鮮で強国となった。はじめ百家をもって海を渡り、百済というようになった」

以上をまとめると、

1）はじめ尉仇台は遼東の東北部（玄菟郡）にいた。

2）次に、故地に残留した旧扶余（遼東東北部・吉林）とは別に尉仇台は遼西晋平県に移動した。

3）遼西晋平二郡で自ら百済郡と号した。

4）次に帯方に初めて国を立てた。

5）尉仇台は公孫度の娘を妻として朝鮮の強国となった。

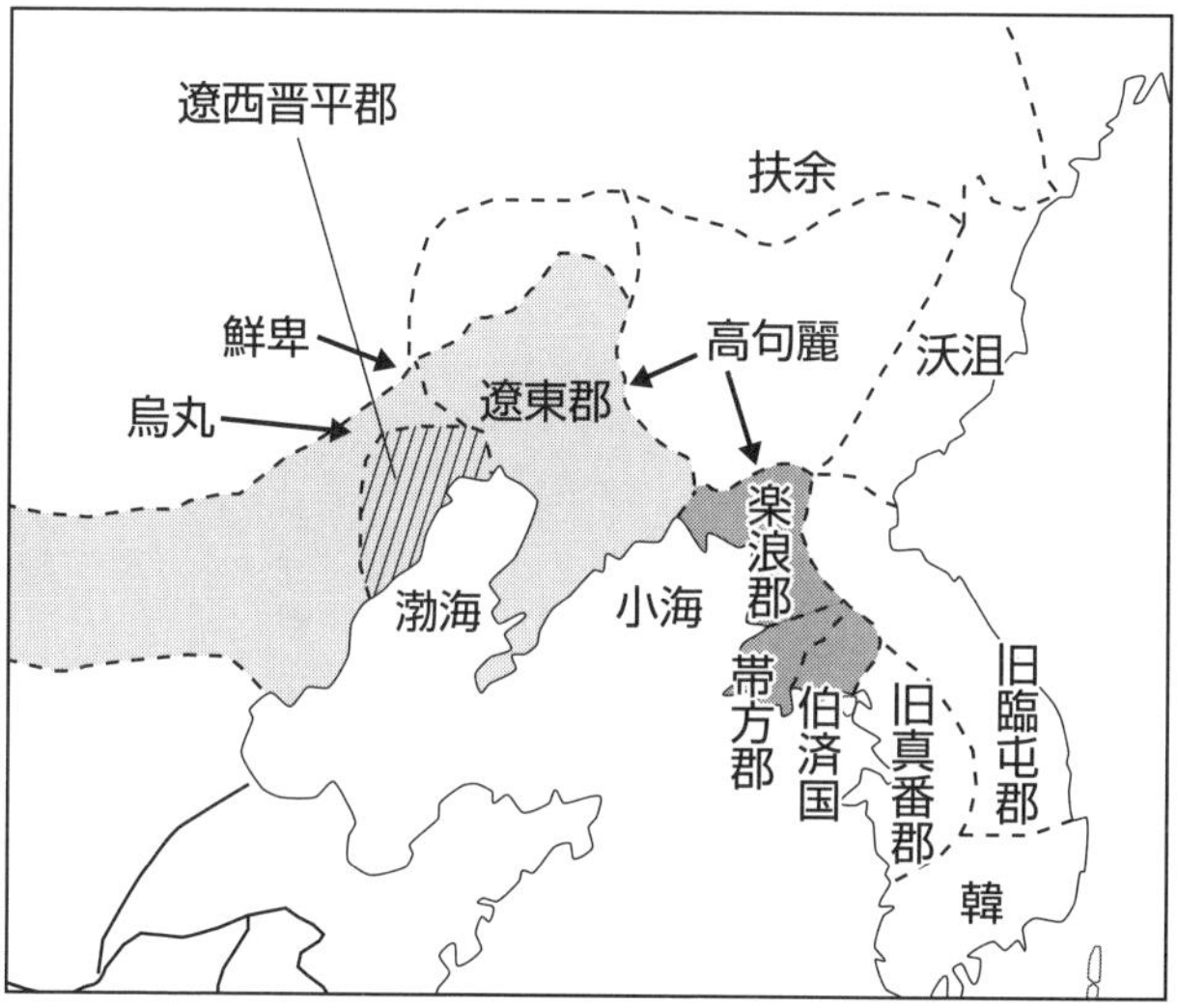

図38　遼西晋平郡が百済だった

一八年	伯済が建国したときは馬韓辰国の支配下にあった。
一七六年	馬韓は拡張期に入り、新羅を攻撃する。
一七七年	夏、鮮卑は遼西を寇掠。
二〇〇年	尉仇台帯方に国を立て、卑弥呼と結婚する。
二〇三年	尉仇台が朝見し、扶余王が印綬金綵を賜った。
二〇四年	公孫度死す。
	公孫康・帯方郡設置
二一四年	尉仇台死す。
二三八年	公孫淵滅ぶ。
	親魏倭王卑弥呼帯方太守除授
二四七年	二次高句麗攻撃　卑弥呼・魏と相攻撃に加勢
二五六年	鷹百済、月支国併合
三一四年	高句麗楽浪郡、続いて帯方郡を滅亡させる。
三四六年	中馬韓、百済に全滅させられる。

倭の五王は宋書倭国伝に登場する

『宋書倭国伝』

倭国は高句麗の東南、大海の中にあり、世々貢職を修む。

高祖の永初二年、詔していわく、「倭讃、万里貢を修む。遠誠宜しく甄すべく、除授を賜うべし」と。太祖の元嘉二年、讃また司馬曹達を遣わして表を奉り方物を献ず。

讃死して弟珍立つ。使いを遣わして貢献し、自ら使持節都督倭・百済・新羅・任那・秦韓・慕韓六国諸軍事、安東大将軍倭国王と称し、表して除正せられんことを求む。詔して安東将軍倭国王に除す（『南史』宋本記　四二一年）。

珍また倭隋等十三人を平西・征虜・冠軍・輔国将軍の号に除正せんことを求む。詔して並びに聴す。二十年、倭国王済、使いを遣わして奉献す。また以て安東将軍倭国王となす。

二十八年、使持節都督倭・新羅・任那・加羅・秦韓・慕韓六国諸軍事を加ふ。安東将軍は故の如し。ならびに上る所の二十三人を軍郡に除す。

済死す。世子興、使を遣わして貢献す。世祖の大明六年、詔して曰く、「倭王世子興、奕世戴《えきせいすなわ》ち忠、藩を外海に作《な》し、化を稟《う》け境を寧《やす》んじ、恭しく貢職を修め、新たに辺業を嗣ぐ。宜しく爵号を授くべく、安東将軍倭国王とすべし」と。

興死して弟武立ち、自ら使持節都督倭・百済・新羅・任那・加羅・秦韓・慕韓七国諸軍事、安東大将軍倭国王と称す。

順帝の昇明二年、使を遣わして上表して曰く、「封国は偏遠にして、藩を外に作《な》す。昔より祖禰《そねい》、甲冑を身に纏《まと》い、山川を跋渉し寧処《ねいしょ》に遑《いとま》あらず。東は毛人を征すること五十五国、西は衆夷を服すること六十六国、渡りて海北（渤海）を平ぐること九十五国、王道融泰にして、土を廓《ひら》き、畿《みやこ》を遐《はるか》にす。累葉朝宗して歳《としごと》に愆《あやま》らず。臣、下愚なりといえども、忝なくも先緒を胤《つ》ぎ、統ぶる所を駆率し、天極に帰崇し、百済の道わずかな所に船舫を装治す。しかるに句麗無道にして、図りて見呑《けんどん》を欲し、辺隷を掠抄《りゃくしょう》し、虔劉《けんりゅう》して已まず。毎《つね》に稽滞《けいたい》を致し、以て良風を失い、路に進むというといえども、あるいは通じあるいは不《しか》らず。臣が亡考《ぼうこう》済、実に寇讐《こうしゅう》の天路を壅塞《ようそく》するを忿《いか》り、控弦百万、義声に感激し、方に大挙せんと欲せしも、奄《にわか》に父兄を喪い、垂成の功をして一簣《いっき》を獲《え》ざらしむ。居りて諒闇にあり兵甲を動かさず。これを以て、偃息《えんそく》して未だ捷《か》たざりき。今に至りて、甲を練り兵を治め、父兄の志を申べんと欲す。義士虎賁文武功を効し、白刃前に交わるともまた顧みざる所なり。もし帝徳の覆戴を以て、この彊敵《きょうてき》を摧《くだ》き克く方難を靖《やす》んぜば、前功を替えることなけん。窃《ひそ》かに自ら開府儀同三司を仮し、その余も咸《み》な仮授《かじゅ》して以て忠節を勧む」と。

詔して武を使持節都督倭・新羅・任那・加羅・秦韓・慕韓六国諸軍事、安東大将軍倭王に除す。

1）「倭国は高句麗の東南、大海の中にあり」。大海は黄海で、「中にあり」とは、「～に当たる」という意味で、黄海に面していると読むべきである（高句麗の平壌から見て東南の漢江の百済を指して倭国と言っている）。

2）ここでの祖禰《そねい》とは、尉仇台のことであろう。遼西晋平郡を百済国と号し、「海北を平ぐる」ということから、開祖と解せる。

3）「道逕百濟　裝治船舫」。百済というところに、造船所を持っている。

4）東は毛人（鮮卑・烏丸）を征すること五十五国、西は衆夷（突厥）を服すること六十六国（日本は鮮卑・烏丸・突厥と交戦したことがないので、倭王讃は日本の王ではない）。

5）天極に帰崇し……代々中国皇帝に忠実に仕えたこと。

6）渡りて海北を平ぐること九十五国を制している。海北は渤海のことである（日本が渤海周辺まで船で攻略したことはない）。

7）句麗無道にして……句麗は高句麗。高句麗の侵略を指す。四七五年九月高句麗好太王の長子・長寿王襲来。蓋鹵王が処刑され、漢城が滅亡した。倭王武の奏上で、「父と兄を失って喪に服している」と言っている裏付けとなる事件である。

したがって、倭国とは、東南の黄海に面していた河南の旧伯済を指している。

『梁書』諸夷伝・倭の条から抜粋

漢の霊帝の光和中に倭国乱れ、相攻伐して年を歴《へ》る。乃ち、一女子卑弥呼を共に立てて王と為す。弥呼に夫婿なし。鬼道能く挟けて衆を惑す。故に国人これを立てる。男弟ありて国を治るを佐《たす》く。王と為してより、見る者あるも少なし。婢千人をもって自らに侍わす。ただ一男子を使わして、教令を伝うるに居所に出入りす。常に兵ありて宮室を守衛す。

景初三年、公孫淵を誅後、卑弥呼始めて使を遣わし、魏に至り朝貢す。魏、以って親魏王と為し、金印紫綬を假える。正始中卑弥死す。更に男王を立てるも国中が服《したが》わず、更も相誅殺す。復、卑弥呼の宗女・臺與を立てて王と為す。その後復男王立つ。並びに中国の爵命を受ける。

晋の安帝の時、倭王賛あり。賛死して弟の弥立つ。弥死して子の済立つ。済死して子の興立つ。興死して弟の武立つ。斉の建元中、武を持節督、倭・新羅・任那・伽羅・秦韓・慕韓、六国諸軍事鎮東大将軍に除す。……（以下略）

倭王武の奏上文の牟大が、百済東城王の諱《いみな》と一致する

『梁書』百済伝から抜粋

「晋太元中、王須（晋書作餘暉）、義熙中、王餘映、宋元嘉中、王餘毗、並遣献生口。餘毗死、立子慶。慶死、子牟都立。都死、立子牟太。齊永明中、除太都督百濟諸軍事、鎮東大將軍、百濟王。天監元年、進太號征東將軍。尋為高句驪所破、衰弱者累年、遷居南韓地。」

東晋の太元年間（三七六～三九六年）に王の須（晋書では余暉）、義熙年間（四〇五年～四一八年）に王の余映、宋の元嘉年間（四二四年～四五三年）には王の余毗《よひ》、

いずれもが奴婢を献上した。

余毗が死に子の慶が立った。慶が死に子の牟都が立った。都が死に子の牟太が立った。

斉の永明年間（四八三年～四九三年）、太都督百済諸軍事、鎮東大将軍、百済王に叙した。

天監元年（五〇二年）、太号を征東将軍に進めた。高句麗によって国を破られ、衰弱が積年に及び、南韓の地に遷都した。


『梁書』百済伝の牟太は、「東城王、諱《いみな》牟大」（五〇一年歿）（『三国史記』百済本紀）と諱が一致する。牟太の前は都であり、文周王の諱、牟都（四七五年―四七七年）に同じである。

倭王武の諱《いみな》は牟太だ。そして牟都が先代となることも完全一致する。

ついに倭王武の面が割れたのである。

倭王武の上表文（**宋書倭国伝後半五〇二叙授**）
臣の亡き済は、仇敵が天路を塞ぐことを実に憤り、百万の弦を鳴らして訴え、正義の声に感激し、まさに大挙せんと欲するも、突然に父兄が亡くなり、垂成の功をして一簣（モッコ一杯分）も獲れず。諒闇（一年の服喪）に在り、軍装の兵を動かさず、ここに休息するを以て未だ戦勝を得られず。今に至り、甲を練り、兵を治め、父兄の志を述べんと欲し、義士と勇士、文武に功を尽くし、白刃を前に交えるも、また顧みることなし。
　もし帝徳の覆戴を以てこの強敵を挫き、勝って方難を鎮めるも、前功に替えることなし。密かに開府儀同三司を自ら仮称し、その余も皆、各々に仮授（して頂ければ）、以て忠節を勧める。

　倭王武の奏上書では、父と兄が高句麗に無体にも殺された。喪に服しているので、兵を鍛錬しているところで、喪が明けたら必ず命をかけて報復するといっているのである。この事件は、四七五年九月高句麗好太王の長子・長寿王が襲来し、蓋鹵王が処刑された事件である。倭王武の父が蓋鹵王に当たり、兄が文周王にあたる。蓋鹵王まで余氏であったが、文周王は牟《む》氏だった。弟は牟太であるので、矛盾がない。ここで、倭王武に続いて倭王興が文周王だという突破口は開けた。「文洲王は蓋鹵王の母の弟なり」（雄略二一年）とある。『梁書』諸夷伝の「興死して弟武立ち」と完全に一致するのである。

「亡き済」とは、武の先々代の蓋鹵王である。ここで、武・興・済は明確に比定することができた。

●仇台扶余の王統譜

1. 尉都頭《とど》（二一一年生―二〇〇年没）諱・優台と同一人物なら、沸流《ピリュ》と温祚《オンジョ》の実父となり、余温祚と尉仇台は義兄弟となる。六七年高句麗太祖大王に投降、灌奴部（南部・盖馬／狗茶／東沃沮・濊族が強勢）の干台の称号を得て領地を安堵される。

2. 尉仇台（仇台・？―二一四年没・肖古王に比定）扶余王・都頭の遺嫡子。この間、曷思国を高句麗に圧迫されて晋平県に移動した。高句麗が一万の兵で玄菟城を囲むと、尉仇台は二万の兵を率いて高句麗を撃退する。二〇三年、公孫度は印闕貢献を上奏して尉仇台を遣わしたので、献帝は尉仇台に印綬金綵を賜った

3. 簡位居（位居・二一五年―二三八年没）尉仇台の嫡子。第一の難升米はこの人物に比定する。

4. 麻余王　(諱不明・麻余は中国名) 景初三年・二三九年―正始八年・二四七年)
簡位居の庶子、諸加により扶余王となるも、政治の実権は牛加の大史・叫位居に握られていた。卑弥呼の後、男王としてたつが、謀反による内乱が起こり、しばしば王位を脅かされ、暗殺された暗示が漂う王。このあと壹輿がたつ。第二の難升米で、黄幢を拝授した。

5. 依盧王　(麻余・二四八年―二八五年・沙伴王に比定) 麻余の子、六歳で立つ。先王に続いて帯方に渡るが、晋平郡に帰る。慕容廆に国を滅ぼされ自害する

6. 依羅王　(依羅・二八六年―三四六年・比流王に比定) 西晋・司馬炎の援助で扶余を再建する

7. 玄王　(不伝)

8. 余蔚王　(不伝)

9. 近肖古王　(余句・三四六年―三七五年) 遼西扶余と慰礼城の二王城を占有にする。慰礼城の真氏は王妃族に固定。国号を百済とする。

10. 近仇首王　(余須・三七五年―三八四年) 三七一年、太子の時高句麗の故国原王を戦死させる。漢山に王都を移す

11. 枕流王　（余暉・三八四年―三八五年）『日本書紀』では枕流《とむる》（神功皇后摂政五二年）

12. 辰斯王　（不明・三八五年―三九二年）阿莘王に殺害される

13. 阿莘王　（余蔚・三九二年―四〇五年）自称・安東将軍・倭国王、遼西百済を放棄

14. 腆支王　＝**倭国王「讃」**（余映・四〇五年―四二七年）使特節・都督倭・百済・新羅・任那・秦韓・慕韓六国諸軍事・安東将軍・倭国王

15. 毗有王　＝**倭国王「珍」**（余毗・四二七年―四五五年）使特節・都督倭・百済・新羅・任那・加羅・秦韓・慕韓六国諸軍事・安東将軍・倭国王

16. 蓋鹵王　＝**倭国王「済」**（余慶・四五五年―四七五年）安東将軍・倭国王（死後の追叙）

17. 文周王　＝**倭王「興」**（牟都・四七五年―四七七年）使特節・都督倭・新羅・任那・秦韓・慕韓六国諸軍事・安東将軍・倭王／南斉・梁からは征東大将軍・国号は南扶余に替わる

18. 三斤王　（不詳：四七七年―四七九年・在位三年・雄略紀に文斤王）

19. 東城王　＝**倭王「武」**（余大／牟太・四七九年―五〇一年）都督倭新羅任那加

羅秦韓慕韓六國諸軍事、安東大将軍・倭王（宋最後の年四七八年除授））・蓋鹵王の弟（軍君）で倭にいた昆伎《コンキ》王（昆支王）の第二子。暴君のため臣に暗殺される

20. 武寧王　（余隆・五〇一年―五二三年）蓋鹵王の庶子。日本で育った子、名を嶋君とする。嶋君は四十一歳まで日本で生活。意富等王と近い関係を持つ

21. 聖王　（余明・五二三年―五五四年）持節・都督・百済諸軍事・綏東将軍・百済王

22. 晶王／威徳王　（余昌・五五四年―五九八年）使持節・侍中・車騎大将軍・帯方郡公・百済王

23. 恵王　（余恵・五九八年―五九九年）

24. 法王　（余宣五九九年―六〇〇年・在位一年）

25. 武王　（余璋・六〇〇年―六四一年）帯方郡王・百済王

26. 義慈王　（義慈・六四一年―六六〇年）六六〇年唐羅軍、黄山ヶ原の決戦で勝利、泗沘城を落とす。義慈王は唐に連行され、百済事実上滅亡する

＊注……この表は扶余尉仇台系の系譜のみを抽出し整列させている。伯済祖王温祚から四代と真氏系を除いた扶余百済王統譜である。

近肖古王　諱は余句　第十三代王（在位三四六年―三七五年）鎮東将軍領楽浪太守

■国号を伯済から百済にする

史上、百済国と号したのは三四六年、近肖古王《きんしょうこおう》である。それ以前は温祚《オンジョ》を大祖とする伯済国である。

五胡の鮮卑族慕容部の單于（族長）・慕容皝《ぼようこう》に完敗し、遼西二郡を奪われ、河南に百家をもって海を渡る。ゆえに百済という。五、六百人の手勢で漢江から上陸して慰礼城を急襲し契王を自害させる。これより河南伯済国は高句麗と真っ向敵対する尉仇台系扶余の勢力に変貌した。高句麗がいる平壌城は、国祖尉仇台が国を開き、倭女王卑弥呼が統治した故地である。高句麗の圧迫のために南攻を開始、三四六年―三七五年の間に馬韓十二カ国の小国を次々と簒奪占有した。公州、枕弥多礼《ちんみたれ》国など栄山江流域まで制圧した。百済は十代後の王も、「百済の民と馬韓の民」を差別した。馬韓人はいても、阿人（倭人）は船を豊富にもっていたので、この地域から逃亡したと記される（馬韓伝）。

『日本書紀』では肖古王、『古事記』では照古王。

博士・高興に扶余の国史である『書紀』を書かせた。

神功皇后　摂政五十二年　海の西を平定して（定海西）を百済に与えたという記事。

三六九年　倭軍出兵。

三七二年　お礼に馬韓から奪った谷那の鉄で作った七支刀が贈られる（神功皇后摂政五十二年）。

京畿《キョンギ》道・忠清《チュンチョン》道・全羅《チョルラ》道などと江原《カンウォン》道の一部、そして黄海《ファンヘ》道の一部までを占め百済最大の発展を築いた近肖古王は、漢山《かんざん》（現在のソウル北）に首都を遷し中国の東晋に遣使。鎮東将軍領楽浪太守に叙せられる。

中国の南朝文化を取り入れた百済は、こんどは日本へ阿直岐《アジッキ》と王仁《ワングイン》を派遣し、論語、千字文などの儒教経典と漢籍を伝えた。彼らは日本の王や太子などの王族に直接講義をした。この他にも、近肖古王は最高の工芸品と言われた七支刀を日本の王へ贈った。

領土の拡張以外にも国外の国々と積極的に外交活動を繰り広げた近肖古王は王権の権威を高め、さらに自身の業績を高めるため、仏教を受け入れる。また、博士・高興に百済の国史である「書紀」を書かせた。1．温祚祖王、2．多婁王、3．己婁王、4．蓋婁王に自らの血統をつなげた。

伯済第四代王の蓋婁王のあと、王妃族の真氏が王位を継承していた。書紀の編纂の動機は自らの出自を伯済余氏の直系の如く、二王朝の事実を隠蔽した。百済王統譜は、同一の実在王を肖古王《しょうこおう》と近肖古王として二度書いている。肖古王と近肖古王との間は、真氏王朝と遼西百済扶余王朝が四代ほど並立することになった。二都時代という。だが、これを八代に縦列したのだ。二王朝並記を嫌って、すべて前王の子として天孫一統につなげたのだ。これが後世の研究家を悩ませることになった。王統紀は王統の断絶を隠し、血統の異なる王の正統性と権威づけを裏付けるためにつくられるのだ。こうして、最古の百済紀である「書紀」は近肖古王が編纂したのである。

近肖古王は部族連盟の百済を古代国家の形態につくり変え、官等制を拡充した。王権を強化するために王位の継承を父子相続に変えた。そして、王妃族を真氏に固定した。近肖古王は、河南（漢江の下流）の地と遼西晋平郡を両政し、内政もしっかり固めたのである。

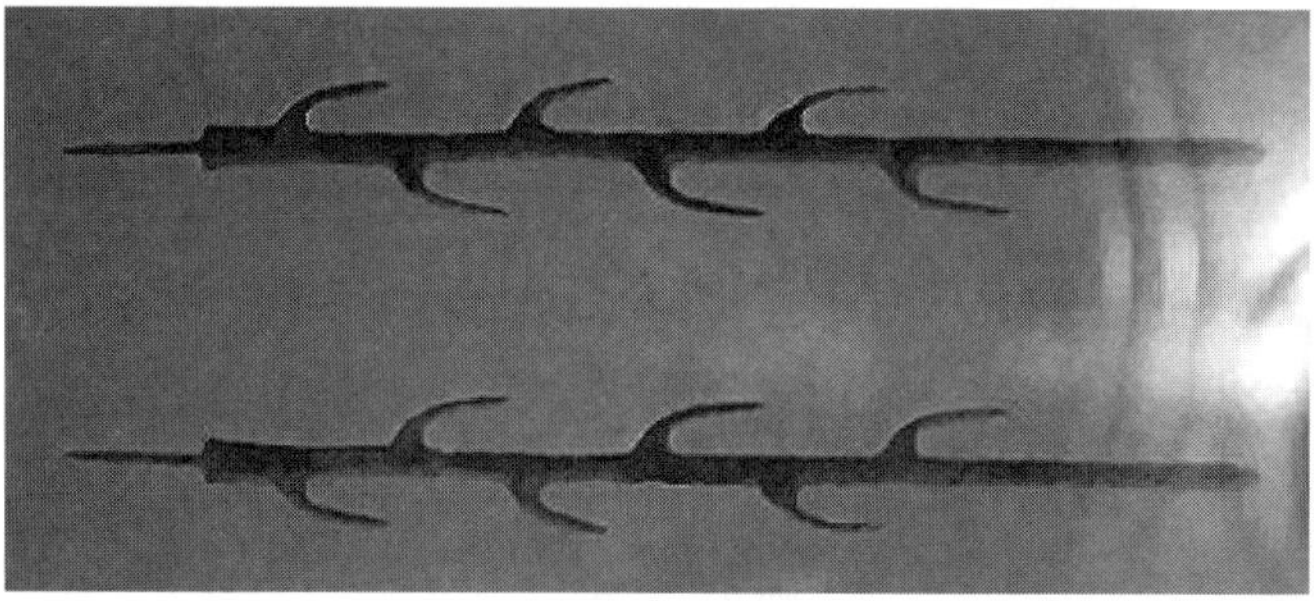

図39　七支刀

■蘇我満智の父は木羅斤資、母は新羅の婦人

木羅斤資《もくらこんし》というのは『日本書紀』に書かれる名称。百済では木崑支《ボッコンジ》、百済・任那・新羅を股にかけた勇猛果敢な武人である。近肖古王に従っていた将軍として活躍している。木劦《もくら》の二文字姓は百済ではあまりなくて、百済以外の国からやってきた人物。近肖古王も生年不承だが、この人物もすべて謎に包まれている。伽耶の旱岐《かんき》（大君長）だったとの説もある。木劦満致《もくらまんち》（蘇我満智）の父だということ、百済の猛将だが、伽耶の利権を手中にした人物である。

近肖古王は、二つの方向から栄山江流域に対する攻撃を断行した。一つは、木羅斤資の率いる軍が加耶地域を出発して南海岸に沿って康津地域に到着し、中心勢力であった沈弥多禮《チンミタレ》を攻撃するルートで、もう一つは近肖古王が自ら太子と共に軍を率いて北から栄山江流域に向かうルートであった。百済軍の攻撃を受けた沈弥多禮《チンミタレ》は最後まで抵抗したが、ついに力尽き、比里《ひり》・辟中《へちゅう》・布弥支《ほむき》・半古《はんこ》などの四邑も降伏した。この四県は伽耶の西域で、元の伽耶の領域のほぼ半分に相当する。これによって百済は、栄山江流域全てを自身の領域に編入した。

三六九年、百済は将軍木羅斤資を遣わして加耶連合国に対する武力示威を展開し、ついに比子伐《ひしほ》・南加羅・安羅・加羅など加耶の七国を影響圏内に入れた。その結果、加耶連合国は斤資に一定の貢納を負う条件で独立が保証された。木羅斤資は伽耶を占有しつつ、新羅に寝返りそうな卓淳国を牽制していた。

神功皇后四九年春、荒田別・鹿我別将軍が久氏らと卓淳国にいたり、まさに新羅を襲おうとしたとき、木羅斤資と沙沙奴跪《さなこ》に命じて兵を増強し、精兵をもって新羅を破った。いわゆる加羅七国と馬韓の南部もついでに平定した。これは三六九年の近肖古王の軍事行動と重なる話である。引用で「木羅昆資と沙沙奴跪、この二人は、その姓を知らざる人なり。但し、木羅斤資のみは百済の将《いくさのきみ》なり」とある（三六九年のことを、どうして神功皇后紀に記載するのか、『日本書紀』の編纂者《へんさん》に尋ねるしかない。卑弥呼の景初三年（二三九年）？　という引用文も神功皇后紀に書かれている。『書紀』は出来事の年代を時系列で編纂した様子がない）。

木刕（蘇我）満致は、木羅斤資が新羅攻めをしたときに新羅の婦人との間に生まれた子である。父（木羅斤資）の功あって任那に強い力を持っている。百済と倭国の間を頻繁に往復している。百済の政治を執り行い、王の母と相淫している。この王の母と戯れていたのが蘇我満智である。

これと同じことが、『日本書紀』の応神二十五年に書かれている。

「二十五年に、百済の直支王《ときおう》（余映・腆支王四〇五年―四二〇年）罷りぬ。即ち子久爾辛《くにしん》（余毗《よひ》・毗有王《ひゆうおう》四二七年―四五五年）を立て王となる。王、年若し。木満致（木刕満致）、国の政《まつりごと》を執る。王の母と相淫《あいたわ》けて、多いに無礼す。天皇、聞しめして召す。百済記に云はく、『木満致は、是木羅斤資、新羅を討ちし時に、其の国の婦を娶《めと》りて、生む所なり。その父の功を以て、任那を専《たくめ》なり。我が国（百済）に来入りて、貴国（倭国）に往還《かよ》ふ。制を天朝に承りて、我が国（百済）の政を執る。権重《いきほい》、世に当れり。しかるを天朝、その暴《あしき》を聞しめして召す』と伝ふ。」

三六九年に将軍木羅斤資は比子伐・南加羅・安羅・加羅など加耶の七国を支配圏に入れた。

木羅斤資が獲得した伽耶利権を大和につけたのだろう。二代目である蘇我満智は大和では三蔵（斎蔵・内蔵・大蔵）を管理したという（三蔵検校）。そして、加羅の独立を保証するかわりに毎年貢献させていたのだ。大和王朝には加羅王系を、他方、百済王室には蘇我の身内を送り込んでいた。

木刕満致、すなわち蘇我満智は、百済と伽耶を牛耳り、三国を股にかけて覇権を握っていたのである。

近《きん》仇《きゅう》首《しゅ》王　諱は余須　第十四代王（在位三七五年―三八四年）

■高句麗故国原王を戦死させる

三七一年には太子だったが、高句麗の平壌城まで進撃し、故国原王を戦死させる。漢山に王都を移す。

百済との戦闘に続いて敗れていた高句麗は、余須が王位に就くと、ここぞとばかりに百済を攻撃し、平壌城南東五十キロメートルの水谷城《スゴクソン》を陥落させた。これを契機に、百済と高句麗は攻守を繰り返す泥沼戦に入る。

■広開土王《クァンゲド》が反撃する

三九一年、檀君王倹《ワンゴム》が建てた古朝鮮の領土を取り戻すことを夢とした高句麗史上最強の征服王である広開土王《クァンゲド》の波状攻撃で十余個の城を征服され、百済の勢力は急速に弱体化する。三九二年、百済は漢江流域を喪失し、伽耶地域に伸びていた勢力圏も新羅に奪われた。

『梁書』では余須の名で記され、『日本書紀』では貴須王《くいすおう》（神功皇后摂政五十二年）。『梁書』百済伝には「晋の太元年間（三七六年―三九六年）に王の須が……中略……生口（奴隷）を献上してきた」という記事がある。

阿莘王《アシンワン》　諱は余蔚　第十六代王（在位三九二年―四〇五年）

■前王を狩りにいったときに謀殺し王位に就く

この人物は仇台扶余の七代目の余蔚《よい》で、遼西扶余の両政を離れた最後の王だ。度重なる鮮卑族の略奪にも無力であったために、前秦の滎阳《けいよう》太守（河南省鄴城の太守）として従属していたが、前秦に亡命してきた鮮卑・慕容垂《ぼようすい》に重用された。慕容垂が後燕皇帝になると、三八四年に丁零翟斌《ちょうれいてきひん》大将軍、河南王、征東将軍、統府左司馬《とうふさしば》、扶余王に任命された。三九二年にも左僕射に任命され、三九六年に慕容宝によって閑職らしいが太傅《たいふ》に就いている。一方、河南では余蔚は辰斯王を殺害し百済王になった。慕容垂は皇帝（中山）に即位後、遼東の高句麗を撃退した。四〇〇年頃、高句麗の広開土王が慕容盛と戦火を交えているが、後燕の封王である余蔚＝阿莘王《アシンワン》に南から挟撃されることを恐れ、ひとまず南進策をとった。阿莘王は高句麗への服属を誓わされ、王弟や大臣が高句麗へ連行されることとなった。

後燕が四〇七年に滅亡してすぐ、手の平を返すように東晋に貢献する余裕はなかったようである。そうした記録はない。

百済では阿莘王（三九二年―四二〇年）と呼ばれているが、『三国史記』百済本紀・阿莘王紀の分注には別名の阿芳王が伝えられ、『日本書紀』では阿花王《あくえおう》とされる。諱・謚は『三国史記』には伝わらない。第十五代の枕流王の長男であり、枕流王が三八五年十一月に暗殺されたとき、阿莘王がまだ幼かったことを理由に、叔父の辰斯王《シンシワン》が第十六代の王位を継ぎ、阿莘王は辰斯王を仇《かたき》として深く憎んでいた。辰斯王を三九二年十一月、狩りに遊行した際に謀殺し、第十七代の王位に就いた。

『日本書紀』には「枕流王の薨去《こうきょ》の際に辰斯王が王位を簒奪し、後に辰斯王が日本に対して失礼な振る舞いがあったために倭国は紀角宿禰《きのつののすくね》などを遣わせて譴責《けんせき》したところ、百済の側で辰斯王を殺して詫びたので、紀角宿禰らは阿花を百済王に立てた」（応神天皇三年の記事）。紀角宿禰は蘇我氏の一族。宿禰は大臣的な地位を指す称号。阿華王を百済王に即位させたのは、やはり蘇我氏だったのである。

＊薨去《こうきょ》とは、その文字の意味に暗殺された死であることを含んでいる。

好太王碑《こうたいおうひ》

百殘新羅舊是屬民由來朝貢而倭以耒卯年來渡海破百殘■■■羅以為臣民

■■■のところが欠落していて、諸説入り乱れるが、百殘加羅新羅の通りで、加羅の代わりに任那であってもおかしくない。

左のように欠落箇所に通説の文字を入れる。
百殘新羅舊是屬民由來朝貢而倭以耒卯年來渡海破百殘加羅新羅以為臣民
〈そもそも新羅・百残は（高句麗の）属民であり、朝貢していた。しかし、倭が辛卯年（三九一年）に海を渡り百済・加羅・新羅を破り、臣民となしてしまった〔通説〕〉

＊百済・加羅・新羅を牛耳っていたのは蘇我氏である。

＊好太王碑は高句麗史上最強の征服王である広開土王の碑。

『三国史記』「百済本記」三九一年

八年、夏五月一日に日食あり。秋七月、高句麗の王、談徳（好太王）が四万の兵で百済との国境を攻め、石峴《ソッキョン》（漢江河口の北岸）など十余りの城を落とした。王（辰斯王）は談徳（好太王）が用兵に長けてると聞き出兵を拒否、漢水の北の部落が多数落とされた。冬十月、高句麗に水軍の要塞、關彌城《クァンミソン》を落とされた。王（辰斯王）が狗原に狩りに出て十日が過ぎても帰ってこなかった。十一月、狗原の行宮にて死去した（狩りに出たところを伏兵に謀殺されたのは百済の辰斯王である）。

■息子を日本に人質に出す

阿莘王が即位する直前（三九一年十月）、高句麗に奪われた関彌城《クァンミソン》を百済北辺海の要衝の地であるとして奪回を企てた。勇将であった真武（王妃の父）を左将に据えて、三九三年八月には一万の兵を率いて高句麗の南辺を討伐しようとしたが、高句麗兵の籠城戦の前に兵站が途切れ、撤退した。翌年には好太王（広開土王）に漢山城《カンサンソン》（京畿道広州市）まで攻め込まれて大敗し、三九六年漢江以北の領土を失う。阿莘王は高句麗への服属を誓わされ、王弟や大臣が高句麗へ連行されることとなった。しかし広開土王が撤収すると、再び倭国の援軍を待って高句麗に対抗しようと太子の余映（後の腆支王）を倭国へ人質として送った。こうして高句麗との戦いは続けられたが、消耗の方が大きかったようである。また、高句麗討伐のための徴発が厳しく、百済から新羅に逃れる者も多く出た（三九九年）。『好太王碑文』によると、三九九年から倭の新羅侵攻が起こっており、倭は新羅国境に満ちて城池を潰破し、さらに翌四〇〇年になると倭が新羅の首都を包囲する事態が起きた。この三九九年には、百済が高句麗との誓いを違えて倭と通じ、新羅を攻撃していると広開土王を怒らせた年である。後の四〇三年には阿莘王自ら新羅への侵攻も試みている。

倭王　讃　諱は余映　第十八代　腆支王（在位四〇五年—四二七年）

四一三年 東晋	東晋・安帝に貢物を献ずる（『晋書』安帝紀、『太平御覧』）
四二一年 宋 永初二	讃、宋に朝献し、武帝から除綬の詔をうける。『使特節・都督倭・百済・新羅・任那・秦韓・慕韓六国諸軍事・安東将軍・倭国王』を上奏するも叶わず、安東将軍倭国王と叙される（『宋書』夷蛮伝）
四二五年 宋 元嘉二	讃、司馬曹達を遣わし、宋の文帝に貢物を献ずる（『宋書』夷蛮伝）
四二七年	＊高句麗は国内城から平壌城に遷宮した。
四二八年	妹の新斉都媛《しせつ》と七人の宮女を日本に送る（『書紀』応神三十九年）
四三〇年 宋 元嘉七	讃、一月、宋に使いを遣わし、貢物を献ずる（『宋書』文帝紀）

腆支王《チョンジワン》（生年不詳—四二七年）は、百済の第十八代の王（在位：四〇五年—四二七年）

であり、阿莘王の長男。『梁書』では余映（徐映）。『日本書紀』応神天皇八年春に王子直支《とき》と書かれ、直支王《ときおう》、『三国遺事』王暦では眞支王と記される。諱《いみな》は『三国史記』には伝わらない。なぜか日本に人質として来て王になった人物には諱が不明となる例が多い。

倭国へ人質として送られていた直支は、倭国で阿莘王の死を聞き、哭泣するとともに帰国することを請願し、倭国の兵士に伴われて帰国した。国人は碟礼《ソルレ》（阿莘王の弟）を殺して直支王（腆支王）を迎え入れ、即位が叶った。四一七年七月には東北辺で沙口城を築くなどして、再び高句麗への侵攻の態勢を整えていった。

四二八年、百済直支王、妹の新斉都媛《しせつ》と七人の宮女を日本に遣わす（応神天皇三九年記事）。

＊宋書では四三〇年一月に倭王讃が貢献したことになっている。四二七年十二月に腆支王《てんしおう》が死去したとされているので、三年ほどずれている。百済側の記録が間違っているのだが、ここは留めて付記だけしておく。

倭王　珍　諱は余毗　第二十代　毗有王（在位四二七年―四五五年）

毗有王《ピユワン》（生年不詳―四五五年）は百済の第二十代の王（在位：四二七年―四五五年）であり、先代王の長男、または『三国史記』百済本紀・毗有王紀の分注では第十八代の腆支王の庶子とされる。『三国史記』には諱・諡は伝わらず、『宋書』には百済王余毗として現れる。諱・諡が伝わらないのは、日本で人質として育ったせいだろうか。若くして王になった。『宋書』には百済王余毗（徐毗）（余・徐が百済王の姓）として現れる。四二七年十二月に先王の死去により王位に就いた。王位に就くと、四三三年、新羅の訥祇《とつぎ》王と同盟を結ぶ。

> 百済の直支王（余映・腆支王四〇五年―四二〇年）罷りぬ。即ち子久爾辛《くにしん》、王となる、年若し。木満致（木刕満致＝蘇我満智）国（百済）の政《まつりごと》を執る。王の母《いろは》と相淫《あいたわ》けて、多《さは》に無礼《ゐやなきわざ》す。天皇、聞しめして召す（応神天皇二十五年）

毗有王の前王、久爾辛という名の王は百済の王統譜に第十九代王久爾辛王《くにしんおう》と記録される。

久爾辛は、三国史記には諱・諡とも伝わらない。また、治績記事は残っていないことから、久爾辛王は余毗の母ではないかとの説もあるくらい、よく分からない王である。毗有王は腆支王の庶子であるとの注と腆支王（直支王）が倭国に人質として来ていることから、日本で生まれた庶子なのだろう。在位年数で七年間、王位が空白だったというのが真相ではないかと思う。なにやら不明なことが多い。空白期間に、久爾辛を満智が日本から連れてきたこと以外は何ら素性が分からない。いずれにしても、毗有王は蘇我満智の傀儡だっただろう。満智は百済と大和を往復して権勢を振るっていた。百済には意のままになる王を、日本では大伽耶の顔を立てて王にしていた可能性がある。

■蘇我満智、百済王室の政務を司る

百済記に云はく、「木満致（蘇我満智）は、是木羅斤資、新羅を討ちし時に、其の国の婦を娶《めと》りて、生む所なり。その父の功を以て、任那を専《たくめ》なり。我が国（百済）に来入りて、貴国（大和）に往還《かよ》ふ。制《のり》を天朝《みかど》に承《うけたまわ》りて、我が国（百済）の政《まつりごと》を執る。権重《いきほい》、世に当れり。然るを天朝《みかど》（応神）、その暴《あしき》を聞しめして召すといふ」

ここは『日本書紀』に載る百済記の引用文である。天皇の詔《みことのり》を振りかざし、勅使《ちょくし》のように振る舞い、百済王室に介入した人物は一人、蘇我満智である。百済の政務を執っていたのは蘇我満智だった。ここで言えることは、外交も仕切っていたはずである。毗有王を倭国王として宋・晋に上奏させたのは蘇我の策謀だったとは言えないだろうか。

倭王 済　諱は余慶　第二十一代　蓋鹵王（在位四五五年—四七五年）

蓋鹵王《ケイロワン》は、百済の第二十一代の王（在位：四五五年—四七五年）。先代の毗有王の長子であり、『三国史記』によれば諱は慶司、また、近蓋婁王とも記され、『日本書紀』には加須利君《かすりのきみ》（雄略五年に記事）、『宋書』には余慶（徐慶）の名で現れる。四五五年九月に先王の死去に伴い、王位に就いた。

■高句麗・長寿王に処刑される。余氏系王族断絶か……

蓋鹵王は即位後早い時期に宋に遣いを送り、自身の身内や高官十一人への爵号授与を願い出た。十一人の内訳は余紀、余昆（昆支）、余暈《ようん》、余都、余乂《よがい》、沐衿《もくきん》、余爵《よしゃく》、余流、麋貴《びき》、于西《うせい》、余婁《よる》。四七五年九月、高句麗・長寿王襲来。蓋鹵王、王子ほか王族が皆処刑された。このうち生き残ったのは余都、余昆（昆支）のみである。余昆（昆支）は日本に逃れた。四六一年、昆支は河内で倭の援軍を得て南漢城に自ら進軍したが、すでに高句麗に攻略された後だった。

高句麗は、僧侶道琳《どうりん》を密偵として百済に送り込んだ。碁を好む蓋鹵王は碁の名手であった道琳を側近として身近に置き、道琳の勧めるままに大規模な土木事業を進め、国庫を疲弊させることとなった。細作《セジャク》とは、敵情を探り、報告する任務を持って敵国に入る密偵のことである。

四七二年、北魏に高句麗征伐を要請、北方（遼西百済）と南方（伯済・河南百済）と南北同時戦線の戦術を上泰したのがいけなかった。これが高句麗に漏れて、四七五年、高句麗長寿王《チャンスワン》（広開土王の長子）に三万の兵で急襲される。道琳が高句麗に密告したのだろう。南漢城は陥落して蓋鹵王は阿且城（ソウル特別市城東区康壮洞）で処刑された。このとき、蓋鹵王以下、大后・王子ともども殺された。一族郎党も殺戮されたと言われる。雄略二十年の記事では「百済国は日本国の官家《みやけ》として、ありくること久し。また、その王《こしき》、入りて天皇に仕えす。四隣の共に識るところなり」と高句麗王が言ったので、百済の王族・遺臣などを全滅させることを止めたというのである。官家とは貢納国であるので、百済が日本の王に貢納していることになる。百済には日本が後ろにいるので全滅させてはならない……と長寿王が述べたと伝えるのである。一連の事件は雄略紀に書かれているが、この雄略二十年の冬の記事は、四七五年九月に起きた事件である。

倭王 興　諱は牟都　第二十二代　文周王（在位四七五年―四七七年）

■王后の弟、牟氏が王を継ぎ、熊津に遷宮する

『三国史記』百済本紀・文周王紀の分注や『日本書紀』には汶洲王、『三国遺事』王暦には文明王という別名も見られる。

文周王《ムンジュワン》（生年不詳―四七七年）は百済の第二十二代の王（在位：四七五年―四七七年）であり、諱・諡は伝わらない。四七五年九月、高句麗好太王の長子・長寿王襲来。蓋鹵王が処刑され、文周は直ちに王位に就いて、四七六年二月に大豆山城《テゴンソン》（忠清北道清洲市）を増強した。文周王は軍の実力者解仇《かいきゅう》を兵官佐平（軍の最高職）に、王の弟昆支を内官佐平（政務最高職）に命じ、長男三斤《さんきん》を太子とした。そして熊津《ウンジン》（忠清南道公州市）に遷都した。この人物は蓋鹵王の母の弟である。牟氏は王妃の氏姓なのである。この王が扶余

氏から牟氏になったのは、王の一族がもろとも殺されたためで、急きょ王にならざるをえなかったからだ。男系氏族が王になっていない稀な例である。

■兵官佐平の解仇の刺客に殺される

蓋鹵王が王位に就いたとき、文周は上佐平（百済の官位の一つ。一等官の上に立つ宰相に相当）として蓋鹵王を補佐していた。高句麗の長寿王が四七五年九月に百済の首都漢城（ソウル特別市）に攻め入った際、蓋鹵王の命令で牟都（文周）は新羅に救援（羅済同盟）を求めに出ており（『三国史記』百済本紀・蓋鹵王紀では昆支とともに南方に逃れている）、十月に新羅の兵一万を率いて都に戻ったときには、既に漢城は陥落して蓋鹵王は処刑されていた。牟都は直ちに王位に就いて熊津（忠清南道公州市）に遷宮した。

昆支がまもなく亡くなったので、兵官佐平の解仇《ヘグ》は朝廷を支配するようになり、ついには四七七年九月に解仇の放った刺客が文周王を暗殺する。

父王が亡くなったので、長男の三斤はわずか十三歳で三斤王（四六四年〜四七九年・在位四七七年〜四七九年）として即位した。解仇による前王の暗殺が発覚しなかったこともあって、解仇は全権を握り続けた。そしてついに四七八年、大豆城《テゴンソン》を占拠して王位を狙う反乱を起こしたが、失敗に終わり殺害された。しかし三斤王は十五歳という若さで亡くなってしまった。

『梁書』諸夷伝

「晋の安帝の時、倭王讃あり。讃死して弟の『弥』立つ。『弥』死して子の『済』立つ。『済』死して子の『興』立つ。『興』死して弟の『武』立つ。斉の建元中、武を『使持節都督倭・新羅・任那・加羅・秦韓・慕韓六国諸軍事、安東大将軍倭王』に除す」

武の時、百済が除かれ、六カ国に減らされ、倭国王が倭王になった初めての称号である。

「東晋の太元年間（三七六年―三九六年）に王の須（晋書では余暉）、義熙年間（四〇五年―四一八年）に王の余映、宋の元嘉年間（四二四年―四五三年）には王の余毗、いずれもが奴婢を献上した。余毗が死んで、子の慶が立った。慶が死んで、子の牟都《ムド》が立った。牟都余慶が死んで、子の牟太《ムデ》が立った。斉の永明年間（四八三年―四九三年）、牟太を都督百済諸軍事、鎮東大将軍、百済王に叙した。

天監元年（五〇二年）、太号を征東将軍に進めた。高句麗によって国を破られ、衰弱が積年に及び、南韓の地（熊津）に遷都した。」

梁書百済伝の「都死、立子牟太」とは、牟都が死に、牟太が立ったこと。この「都死」とは、佐兵解仇に暗殺されたことである。

『日本書紀』においては、雄略天皇二十年（四七六年の事件）に高句麗が百済を滅ぼしたこと、同二一年（四七七年の事件）三月に雄略天皇が久麻那利《こむなり》（熊津を指す）を百済の汶洲王に下賜して国の復興をさせた、と記している。

『三国史記』年表においては、文周王の治世を三年とし、百済本紀・文周王紀では四年条にある。国号も南扶余《ナンプヨ》と変えている。百済《ペクチェ》の国号は消滅しているが、日本書紀などは百済《くだら》の国号をそのまま滅亡するまで使っている。ついつい百済で通してしまうのは、仕方のないことのように思えるが……。

倭王　武

諱は牟大《ムデ》　第二十四代東城王《トンソンワン》（在位四七九年―五〇一年）

■雄略紀では筑紫から五百の兵をつけて百済に送ったとある

百済の二十四代の王（在位：四七九年―五〇一年）。生年不詳である。『三国史記』によれば、諱を牟大（徐牟大）、あるいは摩牟（徐摩牟）とし、第二十二代の文周王の義弟の昆支（徐昆支）の子とする。名と系譜については以下の異説がある。『南斉書』では牟大《ムデ》とし、牟都《ムド》（徐牟都）（文周王）の孫とする。『梁書』では牟太《ムタイ》とし、余慶（徐慶）（第二十一代蓋鹵王）の子の牟都（徐牟都）（文周王）の子とする。『書紀』では、四七九年、昆支の子の末多王を百済に送る。武器と一緒に筑紫の軍士五百人を伴わせて百済に送り返した（雄略二十三年）と記す。

東城王は高句麗の二度の侵攻に日本が救援しなかったことに憤慨する。『書紀』武烈記では、「無道なくして、百姓に暴虐す。国人遂に捨てて、嶋王を立つ」とするが、武烈天皇の暴虐ぶりは常軌を逸脱した異常な行為が書かれており、末多王に比定して書いているのではないかと思われる。武烈天皇は「朕に日嗣なし」と書き、次の継体天皇は大伴金村が丹波に迎えに行くが、男大迹大君《おほどのおおきみ》と称し、「よく考えて賢い人を選べ。おのれはあえて当たらじ」と固辞した経緯から、男大迹大君は天孫皇統が断絶したのではないか、というのが通説となっている。

■暴虐が祟ったか、衛士佐平の刺客に殺される

五〇一年、衛士佐平の放った刺客に東城王《トンソンワン》は暗殺される。なんでも、無礼があったということだが、真相は違うようである。大加羅国は高霊郡に存在していた。隣接する星州郡の伴跛国《ハヘ》が伽耶山、西南部に略奪の限りを尽くし、これを鎮圧するため百済の将軍等から援軍の要請をした。誰に対してかというと、継体（男大迹）である。この時、東城王が倭兵の援軍が二度も来ないので癇癪を起こし、蒙古に救援を要請するというとんでもない失策をしたらしい。このため、東城王は臣下に殺された。『日本書紀』の武烈天皇が東城王に行状がとてもよく似ている……ことを付けたしておく。

他方、宋書の四七八年、倭王武（東城王）は、百済を入れて七国を自称して申請したが、結果は、「倭、新羅、任那、加羅、秦韓、慕韓、六国諸軍事・安東大将軍倭王」になった。百済が除外されて六国になってしまった。さらに、倭国王が倭王になってしまった。

東晋は滅び、斉（南斉）が立つ。建元一年（四七九年）、建元の期間は四七九年〜四八二年であり、斉（南朝）太祖・高帝の四七九年〜四八二年の在位期間と同じである。倭王

武は四七九年に鎮東大将軍に叙せられている。

五〇一年に、東条王を謀殺して嶋王を代わりに王に就けた。継体天皇六年（五一三年）に、任那の上哆唎《オコシタリ》（現在の全羅南道光州市）、下哆唎《アロシタリ》（全羅南道木浦）・娑陀《サダ》（全羅南道順天市）・牟婁《ムロ》（全羅南道光陽）の四県を百済に譲渡したとある。翌年の七年（五一四年）に己汶《コモム》（全羅北道南原市）・滞沙（タサ、慶尚南道康津《かんじん》郡）の地をそれぞれ百済に譲渡した（智異山と南岸を結ぶ線より西の一帯、伽耶の全領土からみると半分近くの領土に該当する。滞沙は日本との交易において重要地）。高霊加羅は加羅・任那の盟主國になっていたが、高霊加羅は百済と軍事行動を共にしていた。

武寧王《ムリョンワン》　諱は余隆　第二十五代（在位五〇一年―五二三年）

『三国史記』百済本紀・武寧王紀によれば、先代の牟大（東城王）の第二子であり、諱を斯摩、分注では余隆とする。『梁書』では余隆（徐隆）は扶余の余をとった中国式の一字姓。『日本書紀』雄略天皇紀五年条では、加須利君《かすりのきみ》、第二十一代蓋鹵王の弟の軍君昆伎王の子、名を嶋君とする。また、武烈天皇紀四年条では『百済新撰』の引用として、末多王（東城王）の異母兄の混支王子の子、名を斯麻王としながらも、「末多王（東城王）の異母兄というのは不詳であり、蓋鹵王の子であろう」としている。蓋鹵王が非業の死とともに世《セ》子《ジャ》がなく、あえて王后の弟を王に立てたので牟氏である。ところが、蓋鹵王の落とし種が一人いたというのである。嶋君である。だが、出自に諸説あるということは、血統が断絶していることを浮き彫りにしていると見たほうがよさそうである。

■武寧王は嶋王、四十一歳まで日本暮らしだった

書紀雄略天皇五年条では、嶋王は蓋鹵王が側室に産ませた子で、混支（軍君《こにきしのきみ》）に預けたとする。この件は雄略五年に書かれるが、五〇一年の出来事である。嶋君を百済に送ったことをはっきり記事にしている。『三国遺事』王暦では、『三国史記』と同じく諱《いみな》を斯《し》摩《ま》とする。ところが、『三国史記』百済本紀・武寧王紀によれば、先代の牟大王（東城王）の第二子であるとする。武寧王は四十一歳に至るまで日本で生活、五〇二年に百済王に即位したので、東城王の世子ではない。中国史では、再び百済王の姓が牟氏から余氏に戻っているのである。

梁書の呼び方では、蓋鹵王を余慶、文周王を牟都、東城王を牟太とし、二代続いて王妃

系の姓で牟氏が続くが、武寧王になって余隆となり、余氏に戻っている。蓋鹵王の一族もろとも殺され、次の文周王も東城王も暗殺されるという大混乱である。百済の日嗣《ひつぎ》が絶えたというのは事実のようである。その後蘇我韓子《からこ》が、百済聖王から逆賊扱いにされることになったと思われる。中臣鎌足は蘇我を誅殺する密命をもって日本にやってきた王族の将軍だったのだろう。藤原の家系図の出自を神代につなぐよう捏造《ねつぞう》したのは藤原不比等であろう。藤原の祖は鎌足以前には遡れないのである。

武寧王は、筑紫の各羅嶋（東松浦半島の沖合に浮かぶ加唐島）で生まれたので嶋君と呼ばれた。背が高くて八尺もあり、性格は温厚だったと伝わる。

雄略天皇紀五年条に、「百済の加須利君（蓋鹵王）が雄略天皇に池津媛を嫁がせるも、石川麻呂と不義が発覚して焼き殺される。この失策を挽回しようと、弟の軍君昆伎王を倭国に人質として送る際、一婦人を与えて、途中で子が生まれれば送り返せと命じた。一行が筑紫の各羅嶋まで来たところ、一児が生まれたので嶋君と名付けて百済に送り返した。これが武寧王である」としている。だが、隅田八幡人物画像鏡の銘文（後節）に照して、嶋君は継体天皇の忍坂宮《おしざかのみや》で育てられた可能性が高い。

　蓋鹵王は嘆いてこう言った。「娘を倭王に嫁がせたが、無礼にも我が国の名を貶めた。倭王は百済のことをすっかり忘れてしまった。もう政略結婚はこりごりだ（池津媛の事件）。いま、側室で妊娠している女性を嫁がせるから、現支よ、一緒に日本に行ってくれ」。これは倭王との政略結婚が効を失っているので、しっかり百済を支えるようにとの密命を与えたものである。妊娠している婦の名前は分からないが、側室か王妃の一人であるようだ。産み月に当たっていたので、もし子供が生まれたら、その子を「速やかに国に送らしめよ」と命じた。筑紫の各羅嶋で子供が生まれたので「嶋君」という。嶋君が四十歳になろうとする頃、ようやく蘇我稲目は東城王に変えるべく船に乗せて嶋君を百済に送り返す。嶋君は実に四十歳くらいまで日本で暮らしていた。そして、武寧王陵からも「斯麻王」の名が誌石に銘記されていた（後述）。

▼池津媛の事件
＊池津媛：慕《む》尼《に》夫人《はしかし》の娘を飾らせて適稽《ちゃくけい》女郎《えはし》と呼び、（雄略）天皇に奉った。池津媛は雄略天皇がまさに召そうとしたときに、石川楯《いしかわのたて》と姦通した。天皇は大いに怒り、大伴室屋大連に詔して来目部《くめべ》を使い、夫婦の四肢を木に張りつけて桟敷の上に置かせ、火で焼き殺させた（日本書紀 雄略天皇二年七月）。

■武寧王陵の墳墓は日本人がつくった

武寧王陵の棺は千四百年以上を耐えた唯一の木棺である。その木棺のかけらを採取し研究した結果、高野槇《こうやまき》であることが分かった。学術名・コウヤマキとは、高野山に自生する木で、その種類が世界でも一種しかない。艇止山《ジョンジサン》という山で、大型遺跡が発見された。武寧王妃の墓誌に記されていた「王と王妃の陵」と一致していた。これにより、武寧王と王妃は亡くなってから艇止山で三年間安置されていたことが分かった。羨道にあった誌石（墓碑）に、墓地を神から買い取るための「買地券」の記録が残っていた。その誌石に「斯麻王《しまおう》」と文字が刻まれていたため、この墓は百済第二十五代武寧王（在位五〇二年～五二三年）の陵墓と確定した。嶋王がキーワードだったということは、日韓とも日本から来た人物であることを認めているただ一人の王である。

誌石からみて、武寧王は五二三年五月に死亡して五二五年八月に王陵に安置され、王妃は五二六年十一月に死亡して五二九年二月に安置された。そして閉塞用の磚《せん》のうち「士壬辰年作」の銘文磚は、王のなくなる十一年前である五一二年に、すでに築造準備がなされていたことを示しているという。

現在の王陵が王妃との合葬陵であること、横穴式の磚積石室はアーチ型の天井を持つこと、磚積石室棺が日本の自生樹木のコウヤマキであること、金環の耳飾り、金箔を施した枕・足乗せ、冠飾などの金細工製品、銅鏡、陶磁器など約三千点近い遺物がみな百済製でないこと、王妃の玉類は勾玉や首飾りなどが日本の玉とほぼ同じであることから、この王陵は日本人がつくったことが推測できる。

また、奈良県桜井市東南部から宇陀郡にかけて磚積石室墳墓（磚槨墳《せんかくふん》）が十六基ほど発見されているが、これらの磚積石室墳墓遺跡は地域的にここだけしか見いだされていない。桜井市の忍阪～粟原に分布する磚積石室墳墓は、丁寧に薄く加工された石を積んでいる。そこで、嶋君が忍坂宮《おしさかのみや》（奈良県桜井市忍阪）周辺に住んでいたのではないかと推定される。

図40　花山西塚古墳（国史跡）／桜井市粟原

合葬陵とは、そもそも王と王妃の姓が異なったままの儒教制度にはない異国的墳墓である。副装飾物も、すべてが豪華な舶来の墳墓なのだ。王后が日本人であることは推定の度合いを超えて確実である。

継体天皇の先帝・武烈天皇と、武寧王の先帝・東城王（末多王）

は、共に非道な暴君として書かれている。新井白石は、手紙のなかで、「魏志は実録に候、日本紀など、はるか後にこしらえたて候事ゆえに、おおかた一事も尤もらしき事はなき事に候」と、『日本書紀』には真実らしいことは一つもないと言い放っているが、雄略天皇紀に書かれる事件は、おおむね継体天皇以降の事件である。

和歌山県橋本市所在の隅田八幡神社蔵の銅鏡・国宝「隅田八幡人物画像鏡」の銘文は、【癸未年八月日十大王年男弟王在意柴沙加宮時、斯麻念長奉、遣開中費直、穢人今州利二人、尊所等取白上、同二百旱作此竟】となっている。癸未《みずのとひつじ》年というのは、五〇三年である。この年は武寧王の在位中なので、贈ったのは嶋王、すなわち武寧王である。

「男弟王（オオドノ王）が忍坂宮（奈良県桜井市忍阪）にいる時に、嶋王（＝武寧王）が長く仕え奉ることを念じて奉じた鏡です。いま、大加羅の加不至費直将軍（「百済本紀」）と濊人の州利即爾《ツリソニ》将軍を尊き所に遣わします。二人の申し上げることを取り上げてくだされば、この銅鏡二百旱作るのと同じぐらい価値があります」

十大王というのは、任那・加羅国が当時十カ国の連合だったからに違いない。嶋王が百済の王座に就いたのは五〇一年であるので、嶋王が二人の将軍に銅鏡を持たせたのは「正式な使者としての証拠の品」、すなわち令牌として持たせたのだろう。二人の将軍は継帯天皇に援兵の要請をしたのであろうか。継体は五三〇年まで存命だったのである。継体の諱《いみな》「乎富等、袁本杼」にも合致するため、意富富等王とは、継体天皇に比定される。「五一二年、百済に伽耶の四県を与える」と関連しているとみる。

大加羅国は智異山山麓の高霊郡にあった。隣接する星州郡の伴跛国《ハヘ》（弁辰）が伽耶山の西南部や西北部に侵入して己汶（コモム、全羅北道南原市）を奪い、略奪の限りを尽くした。これを征討するために来た蘇我韓子ら四将軍の成果などを報告にきたというのが真相だろう。

「隅田八幡人物画像鏡」で使いとして派遣された人物について、「開中費直」は大伽耶（高霊）の加不至費直《かふちのあたひ》将軍であり、「今州利」とは濊人で百済の州利即爾《ツリソニ》将軍のことである。継体七年（五一三年）六月に州利即爾将軍、同十年九月に州利即次《ツリソシ》将軍と書かれる人物と一致する。

■稲荷山《いなりやま》古墳出土の鉄剣銘文《てっけんめいぶん》は代々の天皇ではない

埼玉県行田市稲荷山古墳から出土した鉄剣。百十五文字からなる「金象嵌《きんぞうがん》」の銘文が記されていた。獲加多支鹵《わかたきろ》ほか七人の名が記される貴重な銘文である。

（表文）

辛亥年七月中記乎獲居臣上祖名意富比垝其児多加利足尼其児名弖已加利獲居其児名多加披次獲居其児名多沙鬼獲居其児名半弖比

（裏文）

其児名加差披余其児名乎獲居臣世々為杖刀人首奉事来至今獲加多支鹵大王寺在斯鬼宮時吾左治天下令作此百練利刀記吾奉根原也

銘文の「斯鬼宮」は、古事記の「師木島大宮」、日本書紀では「磯城嶋金刺宮」。いずれも欽明天皇の宮である。

辛亥年七月中記乎獲居臣……辛亥年七月中（五三一年）乎獲居臣《おわけのおみ》の臣記す。この年は、継体天皇が崩御、欽明天皇が即位した年とみなすことができる。

祖王：上祖名意冨比垝…………上祖名はオオヒコ＝継体天皇。男大迹王《をほどのおおきみ》、『古事記』では袁本杼命《をほどのみこと》。

1：其児多加利足尼…………其の児名はタカリノスクネ

2：其児名弖巳加利獲居………其の児名はテヨカリワケ＝安閑天皇
3：其児名多加披次獲居………其の児名はタカヒジノワケ＝宣化天皇
4：其児名多沙鬼獲居………其の児名はタサキワケ＝獲加多支鹵＝大王＝欽明天皇
5：其児名半弖比………其の児名はハテヒ
6：其児名加差披余………其の児名はカサヒヨ
7：其児名乎獲居臣………其の児名はオワケノオミ

世々為杖刀人首奉事………世々杖刀人の首《おびと》として奉事を為す
来至今獲加多支鹵大王寺………今に至りてワカタシロ大王の寺に来る
在斯鬼宮………磯城（斯鬼）の宮にあり
時吾左治天下令………吾天下に（号）令し治むるを左《たす》く時
作此百練利刀………此の百練の利刀を作る
記吾奉根原也………吾（系譜と事跡の）根原を奉りて記す也

七人の児の名とあるように、「其の児」とはすべて上祖・意冨比垝の子である。そして、意冨比垝は継体天皇である。

「其の子」は七人で、日本書紀では継体天皇の子は男七人、女十二人と記されることと一致する。そのうち、ワケがあるのが三人、宿禰が一人、臣が一人である。ワケのつく王が天皇になったと考えられる。

第二子＝テヨカリワケ＝二十六代・安閑天皇＝マガリノオオエヒロクニオシタケカナヒ
第三子＝タカヒジノワケ＝二十七代・宣化天皇＝タケオヒロクニオシタテ
第四子＝タサキワケ＝二十八代・欽明天皇＝アメクニオシヒラキヒロニワ

これは、継体天皇以後、七兄弟が国の分治体制にあり、それぞれが分国の王であり、即位争いの結果、欽明が統治分権を統一して王位を継承したこと見ることができる。二十六代と二十七代は系譜では天皇に即位とされているが、在位年数は、わずか数年である。この二代の天皇は尾張連草香《くさか》の娘の子である。
二十八代の欽明は手白香《たしらか》皇后の子で、蘇我氏の娘である。

この刀剣は、第七子のオワケノオミが銘文を書いている。「吾天下に（号）令し治むるを左《たす》く」は、オオドの統治を助け担っていたことを示し、磯城（斯鬼）の宮の欽明天皇・

自分の義兄に贈った品である。銘文は、即位したばかりの欽明に忠誠を誓っているのが本意である。

蘇我氏が外交権の集権化を図ろうとすると、邪魔なのは筑紫の君磐井《いわい》である。磐井の乱が継体天皇の御代に起きたと古事記に記される。実は欽明天皇が即位した年でもあり、その年は辛亥年七月中（五三一年）である。この刀剣を作ったのは筑紫の君・磐井《いわい》であり、第七子のオワケノオミ、その人である可能性が高いのである。

■江田船山古墳出土の鉄刀

一八七三年（明治六年）、熊本県玉名郡和水町《なごみ》にある江田船山古墳から、全長六十一メートルの前方後円墳で、横口式家型石棺が検出され、内部から多数の豪華な副葬品が検出された。この中に全長九十・六センチメートルで、茎《なかご》の部分が欠けて短くなっているが、刃渡り八十五・三センチメートルの大刀（直刀）があり、その峰に銀象嵌《ぎんぞうがん》の銘文があった。字数は約七十五字。

治天下獲加多支鹵大王世奉事典曹人名无利弖八月中用大鉄釜并四尺廷刀八十練九十振三寸上好刊刀服此刀者長寿子孫洋々得□恩也不失其所統作刀者名伊太和書者張安也

（訓読）

天の下治らしめし獲加多支鹵大王《わかたきろだいおう》の世、典曹に奉事せし人、名は无利弖《むりて》、八月中、大鉄釜を用い、四尺の廷刀を并《あ》わす。八十たび練り、九十たび振つ。三寸上好 の刊刀なり。此の刀を服する者は、長寿にして子孫洋々、□恩を得る也。其の統ぶる所を失わず。刀を作る者、名は伊太和、書するのは張安也。（□は欠字）

獲加多支鹵大王が欽明天皇に比定できることは、すでに稲荷山古墳の鉄剣で説明した。

＊高野朝臣新笠《たかののあそみにいがさ》

二〇〇一年十二月二十三日、日韓ワールドカップ開催の前、天皇陛下の六十八歳の誕生日に「桓武天皇の生母が百済の武寧王の子孫であると続日本紀に記されていることに、韓国とのゆかりを感じています」という記者会見が大きな話題になった。桓武天皇の生母が高野朝臣新笠であり、続日本紀延暦八年十二月二十八日条に、「皇太后姓は和氏、諱は新笠、贈正一位乙継の女《むすめ》なり。母は贈正一位大枝朝臣真妹なり。后の先は百済武寧王の子純陀太子より出づ。……皇太后曰く、其れ百済の遠祖都慕王は河伯《へべく》の女日精に感じて生めるところなり、皇太后は即ち其の後なり」とあるのがそれである。都慕王とは高朱蒙のことであり、河伯《へべく》の女とは高句麗国祖母・金蛙王の妃・柳花夫人である。百済の祖禰が高句麗の朱蒙（東明王）であること、そして、和新笠の先祖は武寧王の分け一族であると天皇に上奏しているのである。

聖王 諱は余明　第二十六代（在位五二三年—五五四年）

■泗沘城に遷宮する

五二二年……百済は多沙津を目指し、大伽耶国の多沙国を奪った。多沙津は百済の時代の耽津浦で、冬音県にあり、現在の全羅南道康津郡大口。三国時代から日本交易の重要な港だった。

五二七年……蘇我韓子《そがのからこ》と紀大磐《きのおおいわ》が任那で険悪となり、聖王が二人を百済との国境に招いて仲裁しようとしたが、馬の轡《くつわ》を並べての道中で韓子は大磐の背後から矢を射た。矢は大磐の馬の鞍にあたり、大磐はとっさに振り返りざま矢を放った。韓子に命中して韓子は川の中に倒れて死んでしまう。この事件は日本書紀・雄略天皇の段に書かれている。特に韓子の横暴ぶりが強調されているが、聖王の名前が書かれているので、時世としては継体天皇の末期である。

五三〇年……継体天皇崩御。

五三一年……欽明天皇即位。新羅軍は卓淳や喙己呑《とくことん》も攻撃。安羅からの救援要請を幸いとして、百済は安羅に進駐した。欽明は南加羅・喙己呑（任那）復興を唱える。

五三二年……金官国王の金仇亥（仇衡王）は妃や子供たちと共に財宝を持って新羅に投降する。

五三八年……聖王は泗沘（現・忠清南道扶余郡）に遷都し、国号を『南扶余』と号した。

五四〇年……高句麗の牛山城を攻撃して、対高句麗戦で反攻に転じた。

五四一年……百済は新羅との間に済羅同盟を締結した。この同盟関係はその後十年ほど続く。

百済の聖王は任那復興会議を開く。新羅に占領された金官・卓淳・喙己呑《とくことん》の三国を旧に復するのが目的だった。

五五二年……百済聖明王、仏像を倭国に贈り、援軍を要請する（欽明天皇十三年）。大臣の蘇我稲目が排仏派の大連の物部尾輿と対立。

五五三年……新羅に平壌城・北漢山城を奪われる（欽明天皇十三年に記事、新羅真興王の領土拡大。漢口下流制圧）。

■英彦山伝承から見える聖王の意志

九州の大分と福岡にまたがる英彦山《ひこさん》は役小角《えんのおづの》を開山としない異例の修験道の霊山である。英彦山の開祖は、中国の魏国の人・善正法師であると「彦山流記」に書かれる。普泰の年に大宰府（？）に来て仏法を広めようとしたが果たさず、光が日子山にさすのを見て、山中の石窟にこもり、時期が来るのを待った。継体天皇二十五（五三一）年のことである。役小角より事は百年以上遡る。『熊野縁起』に熊野権現は北魏から英彦山へ飛来したとか、『彦山縁起』に北魏僧・善正が英彦山の開祖だと言い伝えがある。

「彦山流記」では「彦山権現」は「震旦国」から来たと書かれる。震旦国は振旦、真丹とも書き、呉音読みではチンダンである。これは中国の秦《チン》の土地のインド人の国（現在の四川省の山岳地帯）を呼んだ言葉である。

長江の上流部である金沙江《きんさこう》の一帯に撣秦《だんちん》族がおり、言語は阿薩姆（アッサム語）だった。越裳《えつしょう》は大秦婆羅門国の前身とみなすことができ、秦帝国を建てた有力な旧国で、インドの所領であった阿薩姆邦（アッサム国）の近くだった。《新唐書・地理志》始皇帝を立てた有力国の中にインド・ドラヴィダ族がいたことはあまり知られていない。

『梁書』巻五十四 列伝第四十八 諸夷 海南 東夷 西北諸戎 扶桑國』

四五八年、罽賓国《けいひんこく》（カシミール近辺）から五人の僧が来て仏典と仏像をもたらし出家を勧めたので、風俗は変化した。

この中の扶桑国（拼音：Fúsāng フーサン）とは日本のことである。これがガンダーラ式仏像が日本に伝来した記述であるとすると、後の中宮寺の如意輪観世音菩薩（弥勒菩薩）と広隆寺の弥勒菩薩半跏思惟像《みろくぼさつはんかしゆいぞう》に繋がる。弥勒半跏思惟像が極めてヘレニズム風で、まるでガンダーラ仏を精巧に立体模写したように美しいが、中国の莫高窟《ばっこうくつ》や百済や新羅の半跏思惟像と全く趣《おもむき》が違うのである。

ところで、造仏師がインド人だという評論はされたことがない。だが、中宮は穴穂部間《あなほべのはし》人《ひと》皇后の尼寺だったが、「はしひと」とは波斯《ハシ》の音があるのである。仏師である鞍作　鳥《くらつくりのとり》はインド・ペルシャ人だと眼力だけで見抜けないわけはないのだが。

斉明六年、乾豆波斯達阿《げんづはしだちあ》等数十人の吐火羅《トハーリスターン》（大夏国）国の男女が飛鳥に滞在していたことがある。須弥山石（石神遺跡・噴水構造）や酒船石などは彼らが作った造形物である。飛鳥時代にはインド僧が大仏開眼供養をしたこともあり、こうもインド人が渡来していることを考えにくいという一言で片づけてしまうのは安易すぎるのではないだろうか。

長崎県の太良嶽山《たらだけさん》・金泉寺《きんせんじ》別院（医王寺）に伝わる「太良嶽縁起《たらだけえんぎ》書」には、三社大権現は元インドのマカダ国の国王で、その昔、神通力をもってわが国の梅豆麗《うづり》に飛来した。そして座禅岩のある多良岳の峰から峰へ回峰修行をしたとある。この回峰修行のことを仏教用語で「修多羅」といい、それを略してこの峰を「多羅嶽」というようになったと伝える（長崎県諫早市高来町）。

大分県中津市本耶馬渓に羅漢山の山の中腹の断崖にある羅漢寺には、無数の洞窟があり、山門も本堂も岩壁に埋め込まれるようにある。伝承では、六四五年にインド人の阿羅漢《あらはん》・法道仙人が羅漢寺の洞窟で修行したことから開基されたという。

もう一つ、鳥取県の修験道の寺、三徳山三佛寺奥の院「投入堂」は役行者が創建と伝えられるが、山腹の崖淵にあり、役行者もインド僧だったと思えてくるほど圧倒的な景観である。

修験道が弥勒信仰（ミトラ教）の拝火信仰をあわせ持っていることから、まさしくインド教であることに相違ないだろう。

英彦山の開基伝承では「藤原恒雄が殺生の罪を犯し、一頭の白鹿を射る。その折、三羽の鷹が出現して白鹿を生き返らせる」と伝え、「三羽の鷹」が描かれている呪符・鷹の神祇があり、謎を呼ぶ。藤原恒雄が何者なのか、これから探ってみよう。

北九州市の八幡《やはた》を中心に、鷹羽を神紋とする「鷹見神社群」がある。八幡西区、穴生の鷹見神社、八幡南域、権現山の西麓、市瀬の鷹見神社。折尾、南鷹見町の鷹見神社、則松の高見神社、永犬丸の鷹見神社、そして水巻町、猪熊の鷹見神社など、鷹見、高見という名の神社が密集する。

いわゆる鷹羽紋は、高木神＝大山見津神を祖神とする氏族が奉斎する紋で、兵藤・西郷・合志・山鹿・村田・赤星・黒木・甲斐・城・志岐・栖本などの庶子家が分出している。隼鷹神社では高皇産巣日神が鷹の姿をとって現れ、御神体の鷹を安置したとの言い伝えがある。英彦山の神が「鷹」の化身であったことに由来するとされる。やはり、「鷹」の神祇とは三羽の鷹が描かれている護符である。私見だが鷹のご神体は、高木神・高皇産巣日神とも大山見津の神ともされるご祭神である。この神は、伯済国の国祖母「召西奴《そその》」の父であり、伯済初代王余温祚の祖父である。実像は高句麗の卦婁部《クアル》の「傳薩《ヨクサル》」（高句麗の最上貴族）・延陁勃《ヨンタバル》である。この人物は、高句麗と伯済を建国する偉業を成し遂げた影の実力者である。

『並び鷹の羽』菊池氏・赤星氏・遠野菊池氏
『打違い鷹の羽』甲斐氏・阿蘇神社
『違い鷹の羽』阿蘇氏・鷹見神社

百済のことを韓国語ではメペクチェと呼ぶ。매《メ》とは鷹で、ペクチェは百済《くだら》のことである。三羽の鷹《サンメ》は百済のシンボルであろう。そこで、開山伝説を見てみよう。

英彦山を開山した僧善正が修行中のことである。豊後の国日田郡の猟師・藤原恒雄と出会った。はじめは言葉が通じなかったが、しばらくすると二人の間で話ができるようになった。その時善正は殺生《せっしょう》の罪を説くが、恒雄は耳を貸さず白鹿を殺してしまう。ところがその時上空から鷹が三羽現れて白鹿を蘇生させてしまう。その奇跡を見た恒雄は善正の弟子となり、名を忍辱と改め、修行に励むようになった。

「ある時、山麓（豊後国日田郡藤山村）に住む藤原（藤山）恒雄が、山中で白鹿を射止めた。その時三羽の鷹が何処からともなく、天空から舞い降りて来た。一羽の鷹が白鹿の身に刺さった矢を取りのぞき、もう一羽が傷口から流れ出ている血をぬぐい取り、最後の一羽が桧《ヒノキ》の葉に含ませた聖水を白鹿に飲ませた。すると、死んだはずの白鹿が生き返った。

白鹿の命を救った三羽の鷹の優しく美しき霊験に、狩人の恒雄は、殺生することの罪深さを悟る。そして、自ら善正の弟子となり、後に忍辱《にんにく》と改名。日子山の神の聖地にもかかわらず、神仏様を仲良く合体して崇め奉り、神仏習合の霊山寺を建立。祖師の善正を開祖となし、自ら二世となった。仏教伝来における、日本初の仏教僧、誕生しているのである。」

白鹿とは扶余《プヨ》のシンボルで神聖動物である。扶余王が綬拜した「濊王の印」の鈕《ちゅう》は鹿であった。鷹は百済の象徴で鷹《ナトゥ》。すると、この伝承は明らかに鷹百済が鹿扶余を復興させるという含意が含まれている。

五三八年　百済聖王、泗沘《さび》（現・忠清南道扶余郡）に遷都し、国号を南扶余と号した。百済王族が高句麗に奪われた失地、帯方・河南の扶余の地を奪い返えそうという強い願望があったことを物語る。藤原恒雄は元、百済の王族であったという真相が透けて見えてくる。

＊隼鷹《はやたか》神社　福岡県小郡市三沢　西鉄天神大牟田線 三沢駅

■管山城《クァンサンソン》で新羅と交戦、伏兵に襲われて戦死する

五五三年……新羅と管山城（忠清北道沃川郡）で戦っている最中に狗川（忠清北道沃川郡）で伏兵に襲われ、聖王は戦死。約三万の兵士が皆殺しになった。この戦いでは、大伽耶（高霊）の軍も百済と一緒に戦った。

五五四年……豊後の佐伯連、百済に出兵。千人、馬百匹・船四十隻で加羅に入る。第二次任那復興会議を開く。しかし、期待された成果は得られなかった。

五五六年……蘇我稲目、来日した聖王の息子の恵に倭兵をつけて百済に護送。恵は次の王、第二十八代恵王に即位している。

五六二年……新羅の真興王は異斯夫《いしふ》に命じて大伽耶を討たせた。紀男麻呂宿禰が出兵、百済・倭国連合軍は新羅軍に敗退。最後に残っていた大伽耶国は滅亡し、加羅・任那は消滅した。しかし一方で、六五一年頃、大伽耶（高霊）に新羅の使いが来たが、唐の衣冠だったことで追い返しているという記録がある。五六二年に新羅に討たれたが、大伽耶は百済に降って新羅には服属していなかったようである。

晶王　諱は余昌　第二十七代（在位五五四年―五九八年）

■興隆寺建立される

五六二年……大伽耶、新羅に滅ぼされる。

五七〇年……蘇我稲目《いなめ》死す（欽明三十一年の記事）。

敏達六年、造佛工・造寺工の師来日の記載。

推古天皇即位。厩戸皇子は皇太子となり、馬子と共に天皇を補佐した。

五七七年……扶余に王興寺建立。

敏達六年、日本に造佛工・造寺工の師を派遣（見返りに倭軍の派兵を要請か）。

百済救援。

五八一年……隋に使節を送り、上開府・儀同三司・帯方郡公に封じられた。

五八七年……飛鳥寺建立。蘇我馬子《うまこ》、物部守屋《もりや》を滅ぼす。

恵王　諱は余恵　第二十八代（在位五九八年―五九九年）

『日本書紀』には、欽明天皇十六年（五五六年）二月に聖明王（聖王）が亡くなったことを知らせるため、昌（威徳王）が送った使者として「恵」の名で現れ、威徳王の弟であることを記している。『三国遺事』では威徳王の子とし、別名として献王という。どちらが正しいのかは不詳。

法王　諱は余宣　第二十九代（在位五九九年―六〇〇年）

在位一年足らず。

武王　諱は余璋　第三十代（在位六〇〇年―六四一年）

六〇二年八月、新羅の阿莫山城《アマックサンソン》（全羅北道南原市）を包囲したが、新羅真平王《チンピョンワン》に敗れる。聖王の報復戦ならず。

六一二年、高句麗・乙支文徳《ウルチムンドク》将軍の薩水大捷、隋に大勝利。

唐が興ると六二一年に朝貢を果たし、六二四年、帯方郡王・百済王に冊封。

■新羅真平王の三女、善花姫と結婚する

武王の諱は璋、『三国遺事』王暦には武康、献丙の別名が伝わっている。『隋書』には余（徐）璋の名で現れる。新羅真平王の三女・善花《ソンファ》姫とのロマンス、薯童《ホドン》説話の持ち主。三国遺事では、新羅の真平王《チョンピョンワン》に男子なく、一女は徳曼《トンマン》、二女は天明《チョンミョン》、三女が善花《ソンファ》とされる。徳曼《トンマン》王女は後の善徳女王《ソンドンニョワン》で、善花はその末妹になる。金春秋《キムチュンジュ》は天明の子供で真骨《チンゴル》であったが、後に王になり三国統一を成し遂げる。善花姫は三国史記には書かれないため、史実上重要視されていないばかりか、存在すら疑われていた。しかし、日本にも関係があるので、実はとても重要な王妃なのであるが、物語にしか残っていない。

有名な薯童《ソドン》説話とは、武王と善花姫の恋の物語である。

「百済国の第三十代の王様は武王という者である。彼の母は寡婦で都の南池の近辺に家を建てて住んでいた。そして池の龍と交わって子供が生まれた。いつも薯《いも》を掘って売り、それで暮らしを立てていたので、薯童《いもわらべ》と呼ばるようになった。

その頃、新羅国の都に真平王の第三の王女で善花姫というとても美しいお姫様が住んでいた。薯童はその噂を聞いて、髪を剃り坊主の姿で都に上り、『善花姫様はこっそりと嫁入りなされて、夜には薯童様と交わって去る』という童謡を作って子供たちに歌わせた。その童謡が王様の耳に入り、善花姫は遠く離れた所に流されることになり、都を発った。

善花姫は旅の途中でやってきた薯童と出会い、あの童謡が神のお告げであったのだと信じ、一緒に百済国にたどり着き、そこで暮らすことになった。善花姫が持参した黄金を取り出して薯童に与えると、彼は黄金の値打ちが分からず、『これは何ですか?』と訊いた。善花姫は『これは黄金です。これだけあれば百年の富でさえ大丈夫です』と言うと、薯童は笑いながら『こんなものなら小さい時から薯を掘っていた所にいくらでもある』と言った。二人がそこへ行ってみると、たくさんの黄金があった」

〔弥勒仏三尊の出現〕

「ある日、王様（武王）が夫人（善花王妃）を連れて獅子寺に参る途中、龍華山の下の大きな池から弥勒仏三尊が浮かび上がってきた。王様夫妻はそこに寺を建立することにし、知命法師に相談すると、法師は神秘な力で一夜のうちに池を埋め平地にしてしまった。そしてそこに弥勒三尊と、会殿、塔、廡廊を三カ所に建て、寺名を弥勒寺と名付けた。新羅国の真平王がいろいろな工人を送ってきて助けてくれた」

■善花姫、財を投じて弥勒寺を建立する

二〇〇九年一月十四日、弥勒寺址石塔《ミルサチサソッタップ》の解体修理によって発見された金製舎利奉安記に、「百済第三十代王・武王《ムワン》の后が富を喜捨して寺を建てた」と書かれていたので、にわかに善花姫の説話の信憑《しんぴょう》性が高まった。

父の真平王が領土を拡張し、とうとう漢江の河南に風穴をあけて東海に進出したから、百済も坐していられなくなった。

六二六年に高句麗と和親を結び、盛んに新羅を攻め立てるようになった。

そんなさなかの六三二年、弥勒寺（全羅北道益山市）を建立した。この寺の建立は新羅の陰謀と曲解されて、家臣の讒言によって善花姫は幽閉されてしまった。善花姫の子女たちは母が亡くなり、義慈王が立つと、たちまち追放された。

図41　弥勒寺

日本書紀皇極元年に、百済のとぶらいの元に使いを送ったところ、報告があったと記される。

「今年正月（六四一年）、国の主の母（善花《ソンファ》）が亡くなられました。また、弟の王子児翹岐《アギョンギ》および女子四人、内臣佐平、高貴な四十人ほど、嶋に放たれました」

追放されたのは、善花《ソンファ》姫の子、翹岐《ギョシギ》である。ここに母善花王后の王子……と解されるのである。翹岐と同母の妹、冬服妹も含めて、重臣ともども遠島に追放した。追放令の数カ月後、大使として倭国に遣使として派遣したという記述が三国史記に残る。追放の処罰を日本への勅使《サシン》に変更したのである。重臣の内佐平とは王室を補佐する最高官職である。それら高官四十人、一族もろともとなると、少なくとも、二百人を超す大集団だったろう。翹岐は日本にやってきて、その二年後、皇極天皇の史上初の譲位によって孝徳天皇となる。乙巳の変の二日後であったという。軽皇子は中大兄皇子の叔父にあたると『日本書紀』にあるので、翹岐こそが軽皇子なのである。中大兄皇子は乙巳の変の後遺症で、まだ王位に就くのは早い。かといって弟の古人大兄（後の天武天皇）を天皇にするのも兄の立場がない。そこで、ひとまず叔父の軽皇子を立てておこう。そんな経緯だったのだ。実権を握り続けたのは中大兄皇子であるが、翹岐にはかなり手こずったようである。翹岐四十六歳、子を亡くす。子の喪は親族が一切関わらないというのが百済、新羅の風俗であるという。両親と兄弟親族が子の喪に臨まなかったのだ。『日本書紀』は、慈悲なく、獣と何ら異なることはない……と書き、翹岐と妻、そしてその一族を珍しく侮辱している。『日本書紀』の謎を呼ぶ一文ではあるが、翹岐が異邦人であることを如実にしめしている。孝徳天皇は浪速に遷宮、難波の馬飼《うまかい》、犬上建部《いぬかみのたけべ》など下層民集団をすでに従わせていた。この馬飼《うまかい》の民が入れ墨をしているという記述が残るが、入れ墨の記録としては史上最後の記述になるだろう。

翹岐が日本に来たときは、妻子ともども渡来している。子供の弔いに夫婦ともに出ず、冷淡で犬畜生のようだと紀は書くが、母が弥勒寺建立に功があったように、この孝徳天皇はものすごく仏教に熱心で、徳も高かったようである（弥勒寺建立は新羅が弥勒信仰だという証拠ともなる)。

孝徳天皇は在位の間、仏教を広めただけでなく、民に公平な善政を実行している。あたかも高僧・道昭《どうしょう》と同一人物であるかの如くである。また、業績は行基《ぎょうき》に似ている。こうしたことで、中大兄皇子は、浮世離れした叔父に呆れてのことか、孝徳天皇を捨てて大和飛鳥河辺行宮に還ってしまう。

『日本書紀』によると、仏教を実践した記述の要点は以下のようである。

その1　墳墓をつくることは民を貧しくする。愚か者のすることであり、葬りを隠せと述べた。宝物を納棺するなど、旧い墓制を改めようとした。

その2　流人や囚人の恩赦を国司に命じた。

その3　二千百余の僧侶、尼僧に一切経を読ませた。

その4　二千七百の灯明を宮中にともして高僧に経を読ませた。

その5　三十六の仏像を作った。また、命じて千仏の像や多くの菩薩像を作った。

その6　二百二十一人の学問僧らを唐に送った。唐に派遣したのは一回だけではない。

その7　聖《ひじり》主の天皇《すめらみこと》と讃える表現がある。

その8　田を百姓に公平に分け与えた(公地公民制・国郡制度・班田収授の法)。租・庸・調などの大化の改新である。貴族、豪族の冊封権を朝廷に返上することになり、貴族の反乱を生んだ（壬申の乱の伏線がここにある）。
その9　寺をつくることができなければ、「朕は皆助けてつくらせる」と言い、寺院の建設を奨励した。
その10　無量寿経を講話させた。
その11　各所に大道をつくった（浪速大道か。幅員は約二十三メートルから、場所によっては四十メートル以上もあった。高速道路より幅が広いので物議を呼んでいる）。
その12　京都の宇治橋をつくるなど土木事業を盛んに行った。
その13　遣唐使を出した（道昭。浪速の出自で六五三年—六六〇年、唐で三蔵法師に師事。このおよそ七年間、道昭が翹岐自身ではなかったのではないかと疑っている）。

河内で花を咲かせた聖徳というにふさわしい人物だが、実権は中大兄皇子の手にあった。「六四五年、任那国を以て百済に属け賜ふ」（孝徳天皇大化元年の記事）。ここで読めることがある。乙巳《いつし》の変は蘇我氏の持つ任那の朝貢利権を奪い、任那を百済に併合するためだったのだ。

義慈王　諱は義慈　第三十一代（在位六四一年―六六〇年）

六四一年……新羅真平王の三女・善花《ソンファ》、武王の后が死去。子の王子児翹岐《アギョンギ》とその妹、冬服妹ほか内臣佐平を含む高官四十人の一族、遠島に追放。結局日本に来る。

六四二年……二月、皇極天皇即位。百済が新羅大耶城《テヤソン》（陜川）を攻略。このとき、金春秋《キムチュンチュ》の妹の婿が城主だった。二人の首を切ったことで金《キム》春《チュン》秋《ジュ》の怒りは爆発した。金春秋は淵蓋蘇文《ヨンケソムン》に会いに国内城《クンネソン》へ赴くも、和平交渉に失敗する。

六四三年……百済と高句麗、新羅の党項城《タンハンソン》攻略。

六四四年……高句麗・楊萬春《ヤンマンチュン》将軍の安市城《アンシソン》の戦い。唐を敗走させる。唐は、高句麗に敗戦を続け、志気が低下した。

六四五年……唐は十万の兵で遼東城、白巖城《ペガム》を陥落させるも、安市城《アンシソン》で再び大敗し、引き上げる。

任那《みまな》国を以て百済に属け賜ふ。孝徳天皇大化元年の記事。

六四七年……新羅・金春秋、倭国に遣使として来る（孝徳天皇大化三年の記事・三国記にはこの記録が全くない）。

六五一年……新羅の貢調使が唐服を着ていたので追い返す。孝徳天皇白雉二年の記事。新羅金春秋は羅唐同盟後、官服まで唐風に変えていた。

六六〇年……唐軍十三万を航路で輸送、泗沘城《サビソン》、別名「扶蘇山城」を落とす。新羅は黄山ヶ原の決戦で勝利。義慈王は唐に連行される。

■唐羅軍に敗れ、唐に連行される

高句麗は北方の防衛には強いが、南の防御は弱かったようだ。百済滅亡後、北方の守備から兵を大量に動かすことも簡単にはできず、丸都城と平壌城の兵力だけで戦うはめになったのだろう。六六八年、百七十六城、六十九万戸あった高句麗は唐羅軍に滅ぼされる。唐は平壌城に安東都護府を設置して丸都督府の四十二州と百の県に分けて統治した。およそ三万人を唐に奴隷として抑留、義慈王も唐に連行された。北方での流民は粟末靺鞨《マルガル》の大《テ》祚榮《ジョヨン》に集合し、六九八年に渤海国を建国する。

その二年前に日本に逃れてきた王族がいた（六六六年十月）。『続日本紀』の文武天皇大宝三年（七〇三年）の条に、従五位下高麗若光に王姓を賜うとある。高麗王《こまのこきし》の氏姓を賜与された。一説では高句麗王族の背奈福徳《せなのふくとく》（肖奈福徳）と同一人物だという。

『続日本紀』「駿河・甲斐・相模・上総・下総・下野の七国の高麗人千七百九十九人を武蔵国に移し、高麗郡を設置す」とあり、大宝三年（七〇三年）、若光王は「ここは、まるで祖国のようだ」と、武蔵国高麗郡・日高の風光を大変気に入った。朝廷から礼をもって国を与えられた若光王は、一族郎党をこの地に集め、窯陶や養蚕を興して繁栄した。おそらく、渡来人の集団での来日はこれが最後であろう。今日、高麗神社（高句麗神社）は、若光王から六十代目にあたる高麗《こま》澄雄宮司に至るまで、高句麗の文化を継承している。「山かげに獅子ぶえおこるしし笛は高麗のむかしを思へとぞひびく」と釈迢空（折口信夫）は詠んだが、氏子によって現在でも文化保存の努力が続けられ、高句麗の末裔《まつえい》であることに自尊心を持っているようである。

●三韓の虎……金春秋《キムチュンチュ》

太宗、武烈王となる。金春秋は真骨《チンゴル》で、慶州金氏の祖である。軍事面は金庾信《キムユシン》、内政・外交の面では金春秋と、この傑出したコンビは、三韓統一の大業を成し遂げた礎となった。金庾信の妹文明《ムンミョン》夫人をめとる。金庾信と金春秋は義兄弟である。

金春秋は、日本に来た翌年の六四八年、唐に向かった。まず百済を新羅唐の挟撃で滅ぼし、その後、南から高句麗に侵攻すれば高句麗の平壌城攻略はたやすいだろうと唐の太宗に進言した。真徳《チンドク》女王は、唐の高宗（太宗が亡くなった）を讃える詩文を錦に刺繍して贈った。このあと、唐の官服を着る、冊暦を受け入れるなど、唐への忠誠を示した。善徳《ソンドク》女王は、子供がなく、真平王の兄弟の娘真徳《チンドク》女王が最後の聖骨《ソンゴル》として王位を一時継承したが、金春秋を太子にしていた。六五四年、真徳女王が亡くなると和白《ウェベク》会議は満場一致で金春秋を王にした。太宗武烈王《テジョンムヨル》の誕生である。新羅には骨品制《こっぴんせい》という身分制度があり、金春秋が真骨《チンゴル》だったのは父の金龍春《キムヨンチュン》が和白会議で廃位に追い込まれた真智《チンヂ》王の息子であったからだ。金春秋の母、天明《チョンミョン》王女は真平王の次女だから第一の階級・聖骨《ソンゴル》であった。善徳女王、徳曼《トンマン》の妹の子である。

新羅の金春秋が日本に来た経緯は三国史記に記述はなく、『日本書紀』だけに書かれている。「六四七年（常色元年、大化三年）是の年に、新羅、上臣大阿飡《だいあさん》金春秋等を遣して、博士小徳高向黒麻呂《しょうとくたかむこのくろまろ》・小山中《しょうせんちゅう》中臣連押熊《なかとみのむらじおしくま》を送りて、來りて孔雀一隻、鸚鵡《おうむ》一隻を献る。仍《よ》りて春秋を以て質となす。春秋は、姿顔美くして善みて談咲す」。ハンサムでよく談笑したという。

その後、金春秋は高句麗に命がけで遣使として赴くが失敗し、唐へ向かい羅唐同盟を結ぶと、宮中の衣冠装束を唐風に改めた。「六五一年（常色五年、白雉二年）是の年に、新羅の貢調使知萬沙等、唐の国の服を着て、筑紫に泊まれり。朝庭《みかど》、恣《ほしきまま》に俗移《しわざ》せることを悪《にく》みて、訶嘖《ことばせ》めて追ひ還したまふ」。孝徳天皇は、唐の衣冠服を着た新羅の使節団を追い返した。

「時に、巨勢大臣、奏請《まう》して曰はく、『方《まさ》に今新羅を伐《う》ちたまはずは、於後に必ず當《まさ》に悔有らむ。其の伐たむ状《かたち》は、擧力《なや》むべからず。難波津より、筑紫海の裏《うち》に至るまでに、相接ぎて艫舳《ふね》を浮け盈《み》てて、新羅を徴《め》召して、其の罪を問はば、易く得べし』とまうす」。六五一年、新羅の使いが唐服を着てやって来たことで、朝廷は百済への援兵へと傾斜していく。

隋・唐は何度も高句麗攻略に失敗しているので、高句麗より先に百済を攻略し、南側から高句麗を攻める金春秋の戦略に納得した。六六〇年（義慈王二十一年）七月九日（旧暦）、黄山伐《ファンサンボル》の決戦を迎える。金庾信《キムユシン》率いる五万人の新羅軍に百済の階伯《ケベク》将軍は五千の決死隊で立ち向かい、四派の戦闘に耐えたが、壮烈な戦死を遂げた。階伯は妻子を殺して後の憂いを絶って出陣したという物語が今に伝えられ、忠臣の鏡とされている。新羅の将軍金庾信《キムユシン》は、階伯《ケベク》だけは敵ながら惜しむべき人物であったと評価し、生きて捕らえるよう命じていたという。一方、唐の高宗は蘇定方《そていほう》に大軍十三万を率いて海路より進ませ、伎伐浦《キパルポ》から上陸後、一挙に泗沘城《サビソン》を陥落させた。蘇定方は、略奪品は褒美にすると兵たちに檄を飛ばしたので、兵は先を争って王城に攻め入った。新羅軍の到着を待たず、先に唐軍が泗沘城を陥落させたので、城内はぺんぺん草も生えないほど荒らされた。

泗沘城にいた三千人余りの官女が、生きて屈辱的な辱めを受けるよりはと、断崖の上から次々と川に向かって身を投げた。その姿がまるできれいな花びらが落ちていくように見えたことから、その崖には『落花岩』という名前がついた。また、近くの皐蘭寺はこれら官女を弔うため建てられたと伝えられる。

六六〇年、義慈王はいったん太子とともに北方に逃れたが、唐に通じた下臣に説得されて、諸城をあげて降伏し、ここに百済は滅亡した（最後の国号は南扶余）。

新羅武烈王は、唐将・蘇定方とともに泗沘城の堂上にあがり、義慈王に酌をさせたという。義慈王は妻子と共に唐の都・長安に送られた。義慈王は処刑されず、幽州の地で生涯を全うしたと伝えられる。一説によると、重臣が唐に寝返って官職を賜わったので、逆に王の命を救ったと伝えられる。

伝説的ではあるが、金春秋を三韓の虎、淵蓋蘇文《ヨンゲソムン》を三韓の龍《ユン》と讃える。天智天皇三年（六六三年）の条に、淵蓋蘇文の死が三年間、伏せられたことが書かれている。伊梨渠世斯《いりこせし》は淵蓋蘇文の弟になる。淵蓋蘇文は泉蓋蘇文、泉蓋金とも記される。『日本書紀』には伊梨柯須彌（伊梨柯須弥《いりかすみ》）として現れる。淵蓋蘇文は「三本の矢の教え」の本家本元である。

参考までに書くが、新羅語では城《しろ》のことを城《ソン》、百済語では固麻《コマ》、高句麗語では忽《ボル》といい、加羅では城《サシ》であったようである。それぞれの国で城を意味する言葉そのものが異なっていた。また、城の名称もそれぞれの国で固有の呼称があったが、滅ぼされると、敵国の名称は消されてしまう。現在の城の古名・地名は、すべて新羅統一後の名称である。

豊璋　諱は余豊　旧唐書による諱

■百済復興軍の将軍・佐平鬼室福信を謀反の疑いで処刑する

百済の王城、泗沘城《サビソン》が陥落したあと、佐兵鬼室福信《キシルプクシン》が百済の小城に散じて残った兵を糾合して邦をつくり、今でいえばゲリラ戦を行っていた。唐羅軍は、福信《プクシン》の百済復興軍にてこずっていた。「太子らはいつ西へ還られる。送って遣わそうか」と豪語するほど、兵の志気は旺盛であった。太子とは唐の「熊津都督」の鎮将・劉仁願《りゅうじんき》である。この劉仁願は九州の「筑紫都督府」に朝散大夫郭務悰《かくむそう》を送り込んできた将軍である（六六四年天智天皇三年五月）。

九州福岡にも唐の都督府が出来たことになる。劉仁願はその後の高句麗征討の役《えき》に軍を出兵せず、その罪で六六八年に姚州《ヤオ》へ遠流されている。福信将軍は、余豊《ヨプン》を立てて王としたいと大和に伝えてきた。大和は五千の兵（軍船百七十隻）を伴わせて百済に送り届け、余豊を王にした。百済王豊璋と名前を変えた。

天智元年、倭国は矢を十万本、ほか糸、皮、兵糧などを贈って福信将軍《ブクシンチャングン》を助けた。

三国史記にない記述が『日本書紀』にある。豊璋は、王城を周留城から敵地に近い平城《ひらじろ》（平坦な土地）の避城《へさし》に移すという失策したというのである。『日本書紀』天智二年には州柔城《ツネサシ》と書かれている。避城は韓国一の穀倉地帯、万頃平野《マンギョンピョンヤ》にある金堤《キムチョシ》にあったらしい。また、臣下の讒言により謀反の疑いで猛将・福信を斬首してしまった。おそらく新羅の間諜《うかみ》（郷間《ヒャンカン》）が仕組んだのだろう。豊璋王にはすぐれた参謀がいなかったようである。将軍・福信がいなくなれば、百済復興軍は牙の抜けた虎のようなものである。

百済復興を支援する天智大和は、三派に分けて救援軍を朝鮮半島に送り込んだ。ついで、高句麗の平壌城が救援を要請したときには二万七千の大軍を送った。こうしたことは、不都合な真実なのだろうか、あまり知られていない。

■白村江で倭軍敗退、百済の名が絶える

唐は百済の再起に対して増援の劉仁軌《りゅうじんき》率いる水軍七千名を派遣した。六六三年、白村江《はくすきえ》（錦江の港湾、伎伐浦）で、唐の軍艦百七十隻に包囲され、白村江に集結した千隻余りの倭船のうち四百隻余りが炎上したと伝えられている。海戦で敗れた大和の水軍は、各地で転戦中の倭軍の兵士および亡命を望む百済遺民を船に乗せ、唐水軍に追われるなか、やっとのことで帰国した。

＊『日本書紀』の記事

百済王子余豊、三輪山でミツバチの養殖に失敗すると書かれる（『日本書紀』）。

六六〇年……日本にいた王子豊璋（糺解）を百済に送る（斉明天皇六年の記事）。豊璋、多臣蒋敷《おおのおみこもしき》の妹をもって妻とする（天智即位前紀）。

六六一年……百済救援のため筑紫の朝倉宮に遷幸したが、斉明天皇崩御。出兵は中断した。

蛇水（大同江）の戦い。大対盧《テデロ》の淵蓋蘇文《ヨンゲソムン》が唐軍に大勝。

六六三年……百済王豊璋、復興軍の武王の甥の鬼室福信将軍を謀反の疑いで殺す（天智天皇二年の記事）。

水軍が白村江で戦ったが、唐と新羅の連合軍に敗北した。豊璋は高麗に逃

げる（天智天皇二年の記事）。

六六五年……第二次高句麗・唐戦争で淵蓋蘇文が死亡。淵蓋蘇文、三年死を隠すよう遺言。淵蓋蘇文の子三兄弟が分裂。長兄が唐に寝返り、唐軍の副将となる。

六六八年……大唐、高句麗を打ち滅ぼす（天智天皇七年の記事）。

その後、豊璋は高句麗に脱出逃亡した。『日本書紀』では、ここで周留城《チュリュソン》が唐軍によって落城した時をもって「百済の名が絶える」と記す。日本に残っていた豊璋の弟については、『日本書紀』によれば、善光（『続日本紀』では禪廣）とされ、特段の扱いを受けている。

その子孫が、持統天皇から百済王《くだらのこにきし》の姓を賜っている。他方、高句麗の王族も一部、日本に亡命した。武蔵国に移住した若光王《じゃっこう》である。天智天皇の大津京では、百済からの亡命貴人が多く登用され、官職についた。その中の一人が、当時文部大臣の要職にあった鬼《き》室集斯《しつしゅうき》という有能な人物である。彼は百済の大将軍鬼室福信《きしつふくしん》の息子で、百済の王家の出身であった。

巻末・倭人伝用語解説

倭人の国……倭人の居住するすべての国と地域。
女王国……広義では帯方・韓国も含めた女王の領域。
倭国……大同江の下流域＝倭の女王は共立大王で帯方太守でもある。
句邪韓国……伽羅韓国。金官伽耶が大王国。末期は大伽耶。
京都……洛陽。魏の宮城。
遂城……碣石山にあった漢代の城名。隋・唐代では臨楡関《インミユグアン》。清代は山海関。万里の長城の起点近くにあり、常備兵が多い時で十万いた。
襄平……平壌から百九十キロメートル北西。公孫淵が誅殺された城。
狗奴国……句麗国。倭人伝では高句麗と伯済の両方を指す。古の槀離《こうり》国の転写。
邪……斯《さし》・羅《らや》・良《ら》などの借字（安邪国＝安羅国）。
狗……伽《か》、加《か》、句《く》の借字。
奴……麗《り》、彌《み》、土《ど》の借字。
其……其は、前の文に掛からず、その段の中にある場合もある。また、文章全体に宣言文としてかかわるなど。略法の一つ。

戸……日本では、通例一戸十五人とするが、玄菟郡《げんとぐん》の記録では戸数が四万五千六百戸、人口が二十二万千八百四十五人と記録されている。ここでは一戸あたりの人数、約五人である。戸数と人口は比例していないことになる。戸が納税者の数だとする基準は不明。

家……不彌国と奴国の二カ国のみ戸数ではなく、家が使われる。この時代、下戸でも二、三人の妻を持っていたと書かれているので、家長と寝食を共にする人数は一所帯で十人くらいはあっただろう。

倭人伝の類別詞（中国語では量子）

＊現代中国語は〔数詞＋量子＋名詞〕だが、倭人伝では〔名詞＋＋数詞＋量子〕の語順で、魏志倭人伝は日本語の用法に近い。

＊用例として左記に列挙する。

海一海・国一国・人一人・奴婢一人・吏一人・男子一人・女子一女子・班布一丈・紡ぎ一張・染布一匹・織物一枚・白絹一匹・錦織一匹・金一両・刀剣一口・鏡一枚・真珠一斤・銅鏡一枚・ヒスイ一枚・白珠一枚・家一戸・大率一大率・烏一隻・幢一流。

距離……尺・歩・里。

時間……一年・一月。
年齢……年十三。
等……複数化。~ら。~など。
余……数値の曖昧化　~余り。~ぐらい。
廉……箇条書きにすると、列挙すると。
輿（与）……~と（並列助詞）。
季……末の。
可……およそ~ばかり。
将……引き連れる。
塞……長城のこと。
素……もともと。
恒……いつでも。
変則（東夷《とうい》、夷狄《いてき》、西戎《せいじゅう》、南蛮《なんばん》、北狄《ほくてき》など）文字……古代中国人が異民族を称した語。

＊魏《ぎ》志《し》倭人伝《わじんでん》は、中国の歴史書『三国志』中の「魏書」第三十巻烏丸鮮卑東夷伝倭人条の略。陳壽の死後、中国では正史として重んじられた。正式な史書というだけで、正しい史書だという意味ではない。

陳壽〈建興十一年（二三三年）―元康七年（二九七年）〉……三国時代の蜀・漢と西晋に仕えた官僚。字名は承祚《しょうそ》。『三国志』の編者である。本文中では陳寿。

＊**漢江《はんがん》の古名**：奄利水・阿利水《アリス》・於利水《オリス》・帯水・郁利河《ウニハ》（百済本記）・阿利那禮河《ありなれかわ》（日本書紀）・礼成江《イエソンガン》。鴨緑江を鴨水《アプス》、清川江を薩水《サルス》、大同江を浿水《ペス》、漢書地理志では列水と言った。大同江を統一新羅時代は薩水《サルス》と言ったとの説もある。

＊遼河は「九黎河・句驪河・枸柳河・巨流河」などの古名がある。

＊渾江には「塩難水・猪灘水・淹滮水・沸流水・婆猪江・沛水・佟佳江」など古名がある。

＊鴨緑江にも複数名が存在し、古くは「馬訾水・鴨水・鴨緑大水・沛水・大定江」などがある。

おわりに

「X-ファイル」はアメリカの原題『The X-Files』というドラマのタイトルであった。本書では、X-ファイルを「機密性の高いレポートのホールダー」といった意味で普通名詞として使っていることを付記しておく。

さて、「卑弥呼Xファイル」を書き終わって、漢字が一字で持っている含意の深さに驚愕した。このプロセスはまるでパズルを解いているようで、たった一文字に一月も費やすことがあった。漢字には、作られたときから呪詛ができるほど奥深い何かがある。そうした呪いの籠った代物なのである。アルファベットと違って、文字に取扱い説明書が必要なのだ。だから、注釈がないと中国の史家であっても数百年前の文献を正確にリプレースすることが難しいのである。「有」と「在」、「至」と「到」、「攻伐」と「誅殺」、「委」と「倭」などの違いを解くには、あたかも論理式を入れ子にするような複雑なプロセスが必要であった。考えることの出発点は見えているが、結論は遥かに遠かったのである。

一方、それを日本語に訳すとなると、さらに難しいことがあった。それは、日本語の助詞の使い分けである。「鎮馬臺以建都」の訳を例にとってみると、たとえば「邪馬壹国を鎮め、都をおいて支配する」と、「邪馬臺国に鎮め、都をおいて支配する」とは、「を」と「に」が違うだけだが、意味は真逆になるのである。その訳者にはすでにある漠とした暗示が先行しているのである。

解釈というのは、周辺の状況を把握しないことにはできない。つまり、ある文章の翻訳結果が間違いでないとしても、事実に対しては真ではないことがあるのである。「鎮馬臺以建都」の訳では、たった一文字が真と偽を分けてしまう。膠着語という日本語には助詞という地雷がいたるところにあるのである。

ところで、まだ、謎として残されていることがある。

その一、卑弥呼というのは果たして名前（固有名詞）なのだろうか。私は象徴名詞だと思う。

卑弥弓呼が高句麗の東川王だと判明している。「卑弥」の頭語までは共通である。これを除去すると「呼」と「弓呼」が差分である。「呼」の一字は、ＨＵと読むと狐と同音である。他方「弓呼」は虎狐だ。中国が蛮夷の王を駱駝や蛇、亀、鹿など動物に象徴して金印の鈕にしていることは既に述べたが、トーテムとして動物をあてがうことは普通にあったと考えられる。

それを踏まえて卑弥呼を意訳すると、「狐を鬼神として拝む者」となる。裨禰狐・ピネコと発音する。それで、「倭女王卑彌呼與狗奴國男王卑彌弓呼素不和」を意訳すると、「倭の女王のキツネさんと、高句麗の男王の虎さんはもともと仲が悪かった」となる。ダジャレのようだが、決してフェイクではない。だが、説として主張するほど大胆な勇気がなかったので本文からはずし、ここに付記することにした。

その二、難升米であるが、扶余の君主は「夫余單于《ぜんう》」（魏の黄初元年二二〇年の記録）と伝える。單于《ぜんう》とはモンゴルの王の称号である。難升米は官名であるとの説もあるが、私は扶余王を指す代名詞だと思う。升米の正体は三人になるからである。一人は筒位居《カンイゴ》、卑弥呼に代わって朝見した難升米である（二三八年）。二人目は、正始年間の麻余《まよ》王である。黄幢《こうどう》を手にした難升米である（二四七年）。三人目は倭王讃である。晋に初貢献したとき、晋側の呼び名が師升であった。これらを総合すると、升米は固有名詞ではないことが分かる。

その三、卑弥呼に子供があったのか、あったとしたら何人なのか。文献資料が見つからない。故に通説は生涯独身であったとする。筒位居は尉仇台の嫡子であるが、果たして卑弥呼が正室として産んだのだろうか。宗女卑弥呼と宗女壹輿とは、同じ高祖を宗廟にもつ氏と考えた。すると血脈があるという結論になるが、どういう関係なのだろうか。卑弥呼に子があったことがはっきりすれば、もっと本文が明快で面白くなったはずだ。「壹輿は卑弥呼の孫の世代である」という甘い詰めで止まってしまい、チェックメイトができない。私は卑弥呼が子を産んだとするほうに軍配をあげるのだが……。これも、無限ループに入ったパズルとなってしまったので、本文では避けている。

その四、卑弥呼の墓の所在は、マスコミが流すコピーフレーズによってしばしばブレークする。たとえば、有力紙が「卑弥呼の墓か?」と疑問符をつけているとしても、アカデミズムの権威ある人の「その可能性がある」といったコメントがあれば、大衆は?マークのことは忘れてしまう。いつの間にか世間では信憑性のある事実として信じられてしまう。卑弥呼のルーツを突き付けられると、はたして読者はどう反応するのだろうか。

卑弥呼が天照大神や神功皇后などに比定している研究家は反論してくるのだろうか。

最後に、「歴史とは物語りの中にこそ真実がある」の一文をもって書き終わりとする。

参考文献

『古事記』岩波文庫
『日本書紀』岩波文庫
『吉野ヶ里と邪馬台国』松本清張　NHK出版
『岩元学説　邪馬台國への道』岩元正昭　真説魏志倭人伝研究会編　牧歌舎
『「日本＝百済」説』金容雲　三五館
『魏志倭人伝の謎を解く　三国志から見る邪馬台国』渡邉義浩　中央公論新社

<著者紹介>

黒澤　一功（くろさわ　いっこう）

1949年　東京都生まれ
1967年　早稲田大学法学部入学
1971年　同大卒
1971年　講談社入社
2001年　タイ語を学習、タイ語辞書「PDICタイ語」を制作・公開。
2001年　独自ドメインで「超マンダラ論」を公開
2003年　各種データベースを構築する
2005年　独自ドメインで「摩多羅神は何処から来たのか」を公開
2007年　日本語教師資格取得
2009年　講談社退社
2011年　独自ドメインで「速攻入力　世界言語」印欧亜25言語WEBアプリ公開
2016年　韓国語、中国語会話を学ぶ

表紙カバー画『卑弥呼と鬼神』Ⓒ久保千速

卑弥呼Xファイル～驚愕の邪馬台国論～

2017年5月25日　初版第1刷発行

著　者　黒澤 一功
発行者　韮澤 潤一郎
発行所　株式会社 たま出版
〒160-0004　東京都新宿区四谷4－28－20
☎ 03-5369-3051（代表）
FAX 03-5369-3052
http://tamabook.com
振替　00130-5-94804
組　版　一企画
印刷所　株式会社エーヴィスシステムズ

ISBN978-4-8127-0399-1　C0020